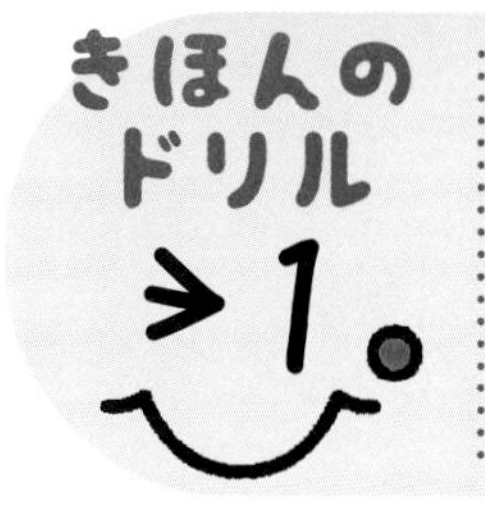

アルファベットの練習

Part 1

大文字

1 AからZまで文字を順になぞったあと、自分で2回書きましょう。

(1) 大文字[**エイ**]

A

(2) 大文字[**ビー**]

B

(3) 大文字[**スィー**]

C

(4) 大文字[**ディー**]

D

(5) 大文字[**イー**]

E

(6) 大文字[**エフ**]

F

(7) 大文字[**ヂー**]

G

(8) 大文字[**エイチ**]

H

(9) 大文字[**アイ**]

I

(10) 大文字[**ヂェイ**]

J

(11) 大文字[**ケイ**]

K

(12) 大文字[**エル**]

L

この本では、めやすとして英語の発音をよく似たカタカナで表しています。

(13) **大文字[エム]**

M

(14) **大文字[エン]**

N

(15) **大文字[オウ]**

O

(16) **大文字[ピー]**

P

(17) **大文字[キュー]**

Q

(18) **大文字[アー]**

R

(19) **大文字[エス]**

S

(20) **大文字[ティー]**

T

(21) **大文字[ユー]**

U

(22) **大文字[ヴィー]**

V

(23) **大文字[ダブリュー]**

W

(24) **大文字[エックス]**

X

(25) **大文字[ワイ]**

Y

(26) **大文字[ズィー]**

Z

アルファベットには大文字と小文字があり、26ずつあります。

アルファベットの書き順に決まりはありません。この書き順は１つの例です。

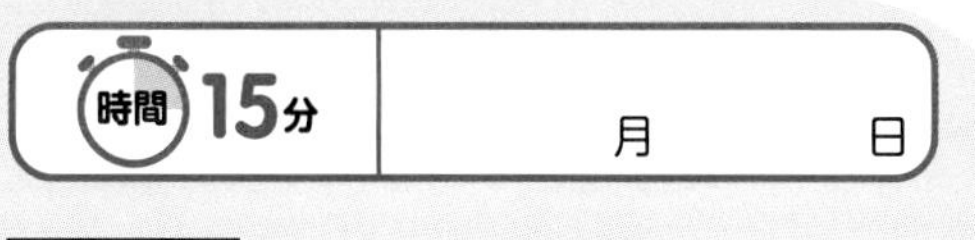

アルファベットの練習 小文字

Part 2

1 aからzまで文字を順になぞったあと、自分で２回書きましょう。

(1) 小文字[**エイ**]

a

(2) 小文字[**ビー**]

b

(3) 小文字[**スィー**]

c

(4) 小文字[**ディー**]

d

(5) 小文字[**イー**]

e

(6) 小文字[**エフ**]

f

(7) 小文字[**ヂー**]

g

(8) 小文字[**エイチ**]

h

(9) 小文字[**アイ**]

i

(10) 小文字[**ヂェイ**]

j

(11) 小文字[**ケイ**]

k

(12) 小文字[**エル**]

l

この本では、めやすとして英語の発音をよく似たカタカナで表しています。

(13) 小文字[**エム**]

m

(14) 小文字[**エン**]

n

(15) 小文字[**オウ**]

o

(16) 小文字[**ピー**]

p

(17) 小文字[**キュー**]

q

(18) 小文字[**アー**]

r

(19) 小文字[**エス**]

s

(20) 小文字[**ティー**]

t

(21) 小文字[**ユー**]

u

(22) 小文字[**ヴィー**]

v

(23) 小文字[**ダブリュー**]

w

(24) 小文字[**エックス**]

x

(25) 小文字[**ワイ**]

y

(26) 小文字[**ズィー**]

z

4本線の中にきれいに
書くように練習しよう。

アルファベットの書き順に決まりはありません。この書き順は1つの例です。

時間 15分　月　日

Unit 1

Part 1

自分の名前や好きなものについて話そう

◎ 名前、感情(かんじょう)を表すことば

1 声に出しながら、文字をなぞって、1～2回自分で書いてみましょう。

(1) ヤマダ　ナオコ[**ヤ**マダ **ナ**オコ]

人の名前は大文字で書き始めます。

Yamada Naoko

(2) スズキ　タク[**ス**ズキ **タ**ク]

名字と名前の間はすき間をあけるよ。

Suzuki Taku

(3) ジョン　スミス[**ヂャ**(ー)ン ス**ミ**ス]

John Smith

(4) アリス　ブラウン[**ア**リス ブ**ラ**ウン]

Alice Brown

(5) よい[**グ**ッド]

oを2つ続けて書くよ。

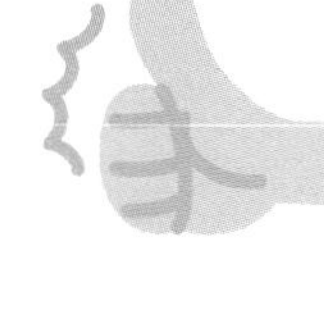

good

(6) うれしい[**ハ**ピィ]

pを2つ続けて書きます。

happy

(7) かなしい[**サ**ッド]

【サッ】を強く読むよ。

sad

(8) おこった[**アングリィ**]

【リィ】はryと書くよ。

angry

(9) とても元気で[**ファイン**]

fine

2 声に出して読んだあと、文をなぞりましょう。

How do you spell it?
それをどうつづりますか。
M-o-m-o-k-a. Momoka.
M-o-m-o-k-a。モモカです。

ポイント
名前や単語のつづりをたずねるときは「どのような」という意味のhowを使って、How do you spell it?で表します。アルファベットでつづりを答えましょう。

(1) ぼくはトムです。[**アイム タム**]

I'm Tom.

(2) わたしの名前はモモカです。[**マイ ネイム イズ モモカ**]

My name is Momoka.

(3) それをどうつづりますか。[**ハウ ドゥ ユー スペル イット**]

How do you spell it?

(4) M-o-m-o-k-a。モモカです。[**エム オウ エム オウ ケイ エイ**] [**モモカ**]

M-o-m-o-k-a. Momoka.

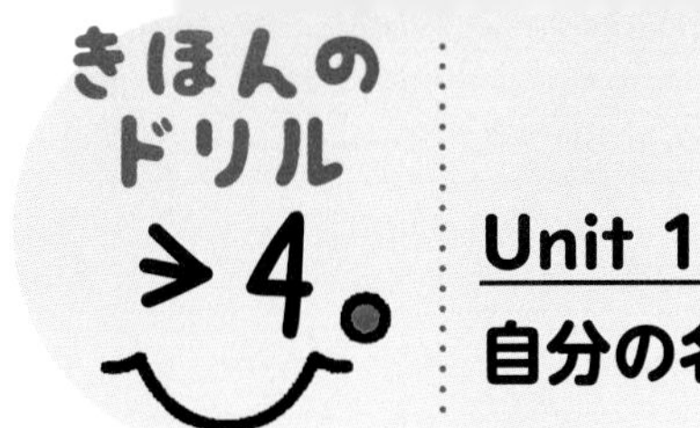

Unit 1　Part 2
自分の名前や好きなものについて話そう

◎ 色、スポーツを表すことば

1 声に出しながら、文字をなぞって、１～２回自分で書いてみましょう。

【カ】を強く読むよ。

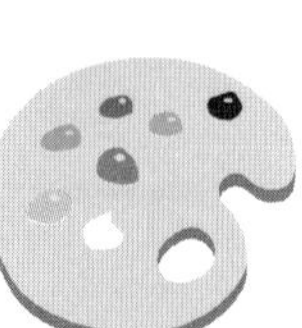

(1) 色[**カ**ラァ]

color

(2) オレンジ色の、オレンジ色[**オ**(ー)レンヂ]

orange

【ル】を強く読みます。

(3) 青い、青[ブ**ルー**]

blue

(4) 赤い、赤[**レ**ッド]

red

lを２つ続けて書くよ。

(5) 黄色い、黄色[**イ**ェロウ]

yellow

eを２つ続けて書きます。

(6) 緑色の、緑色[グ**リー**ン]

green

(7) ピンク色の、ピンク色[**ピ**ンク]

pink

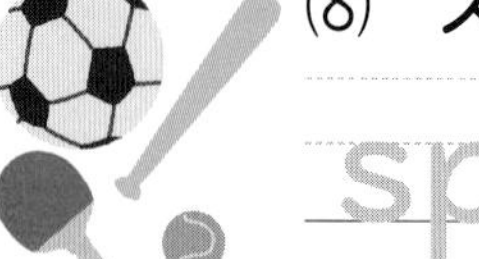

(8) スポーツ[**スポ**ート]

【ポ】を強く読むよ。

sport

(9) サッカー[**サ**(ー)カァ]

cを2つ続けて書くよ。

soccer

(10) バレーボール[**ヴァ**(ー)リボール]

volleyball

(11) 野球[**ベ**イスボール]

baseball

(12) バスケットボール[**バ**スケットボール]

【バ】を強く読みます。

basketball

2 声に出して読んだあと、文をなぞりましょう。

What color do you like?
あなたは何色が好きですか。
— I like blue.
わたしは青が好きです。

ポイント
What ～ do you like? で「何の～が好きですか」という意味です。～の部分に、色、スポーツ、動物などの単語を入れましょう。「わたしは～が好きです」と言うときは、I like ～. の形を使います。

(1) あなたは何色が好きですか。[(フ)**ワ**ット **カ**ラァ ドゥ **ユ**ー **ラ**イク]

What color do you like?

(2) わたしは青が好きです。[**ア**イ **ラ**イク **ブル**ー]

I like blue.

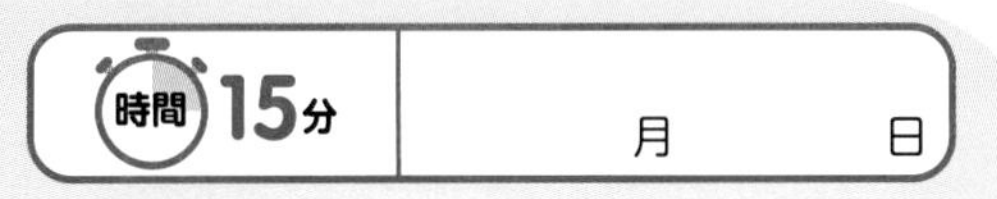

Unit 1

Part 3

自分の名前や好きなものについて話そう

◎ 果物(くだもの)、動物を表すことば

1 声に出しながら、文字をなぞって、1～2回自分で書いてみましょう。

(1) 果物[フ**ル**ート]

fruit

(2) もも[**ピ**ーチ]

【イー】はeaと書きます。

peach

(3) ぶどう[グ**レ**イプス]

grapes

(4) バナナ[バ**ナ**ナ]

1つ目の【ナ】を強く読むよ。

banana

(5) いちご[ストゥ**ロ**ーベリィ]

【ロ】を強く読みます。

strawberry

(6) りんご[**ア**プル]

pを2つ続けて書くよ。

apple

(7) オレンジ[**オ**(ー)レンヂ]

orange

(8) 動物、けもの[**アニマル**]

animal

(9) 犬[**ド**(ー)グ]

dog

(10) ネコ[**キャ**ット]

cat

(11) うさぎ[**ラ**ビット]

bを２つ続けて書くよ。

rabbit

(12) トラ[**タ**イガァ]

tiger

2 声に出して読んだあと、文をなぞりましょう。

Do you like dogs **?**
あなたは犬が好きですか。
—Yes, I do. / No, I don't **.**
はい、好きです。／いいえ、好きではありません。

ポイント
「～が好きですか」と相手にたずねるときは、Do you like ～?と言います。
Yes, I do.またはNo, I don't.で答えましょう。

(1) あなたは犬が好きですか。[ドゥ **ユー** **ライ**ク **ド**(ー)グズ]

Do you like dogs?

(2) はい、好きです。[**イェ**ス **ア**イ **ドゥ**ー]
／いいえ、好きではありません。[**ノ**ゥ **ア**イ **ド**ゥント]

Yes, I do. / No, I don't.

まとめのドリル 6

合格 80点 /100

月　日

Unit 1
自分の名前や好きなものについて話そう

1 しりとりになるように、①～④の□に文字を書きましょう。 20点（1つ5点）

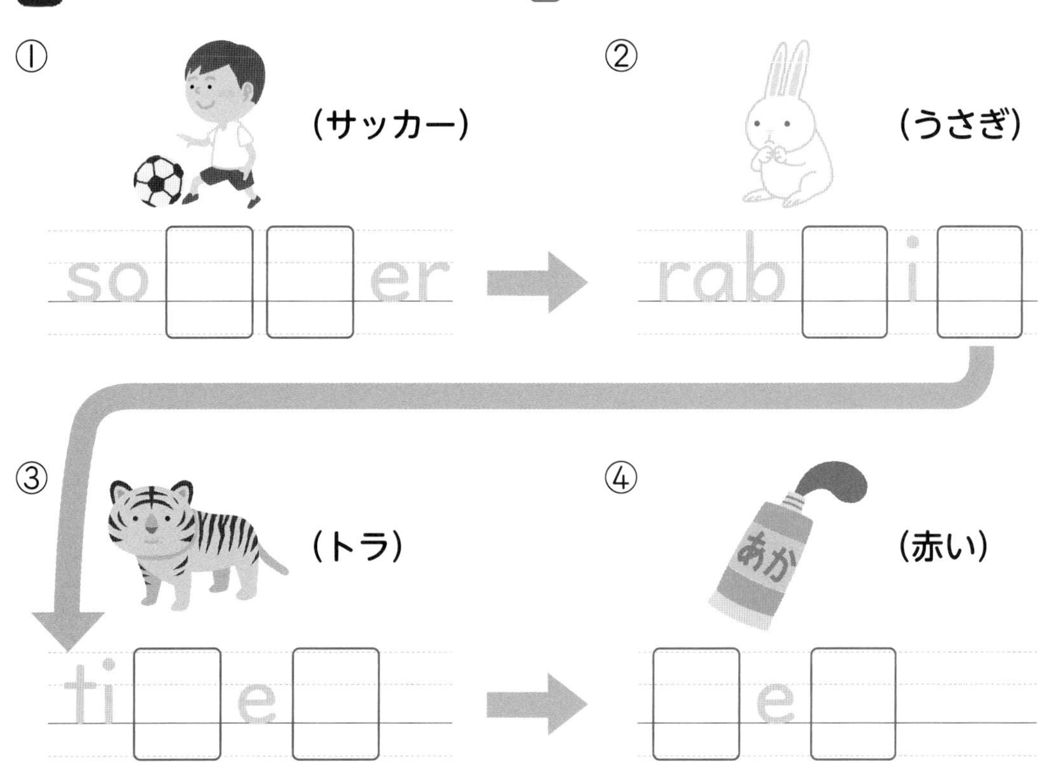

2 □内のカードを組み合わせて、①～④の日本語に合う単語を作りましょう。
20点（1つ5点）

① ネコ

② もも

③ 黄色い

④ 野球

ch	c	low	pea
ball	yel	base	at

3 **英文に合う絵になるように、●と●を線でつなぎましょう。** 30点(1つ10点)

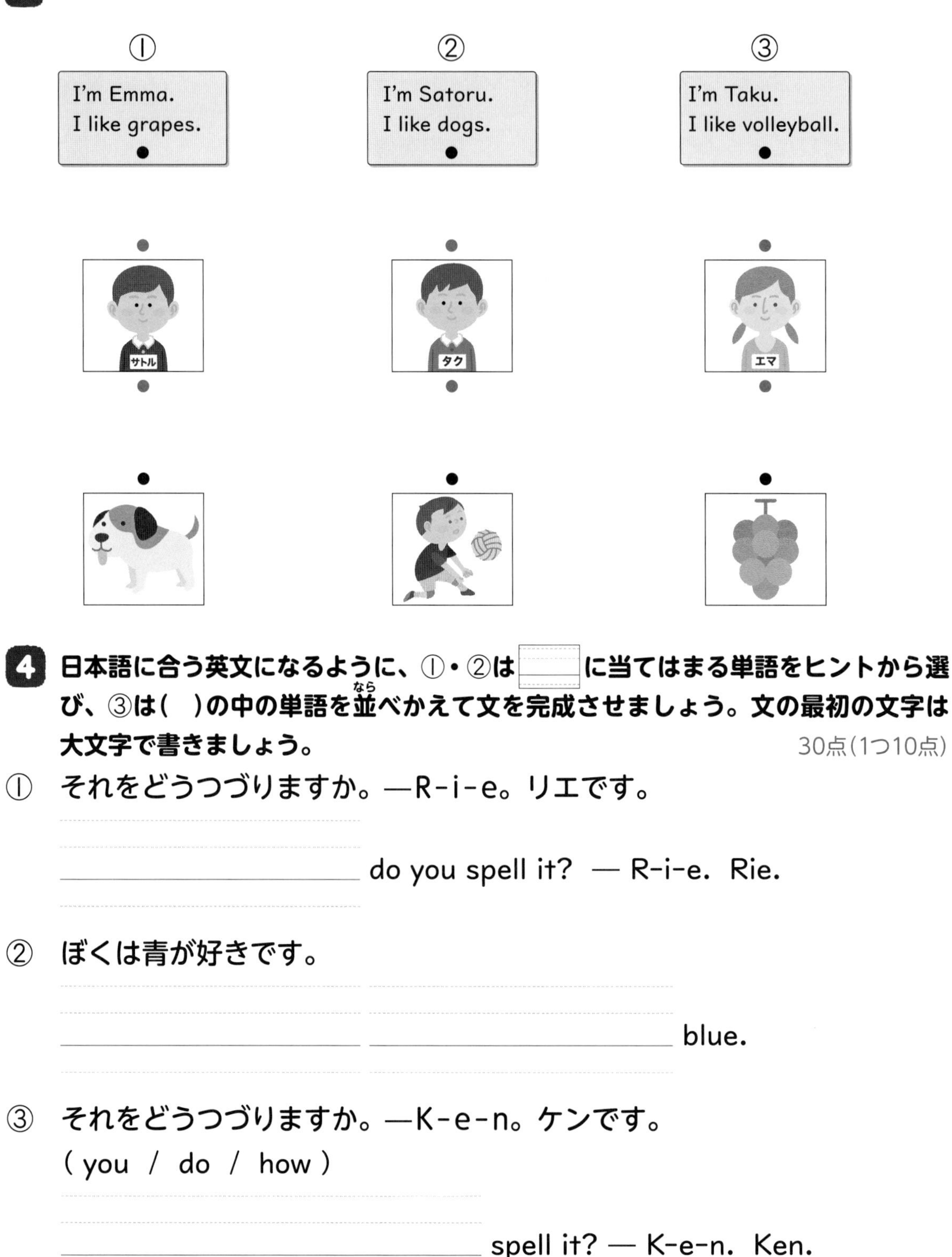

4 **日本語に合う英文になるように、①・②は［　　］に当てはまる単語をヒントから選び、③は(　)の中の単語を並(なら)べかえて文を完成させましょう。文の最初の文字は大文字で書きましょう。** 30点(1つ10点)

① それをどうつづりますか。—R-i-e。リエです。

____________ do you spell it? — R-i-e. Rie.

② ぼくは青が好きです。

____________ ____________ blue.

③ それをどうつづりますか。—K-e-n。ケンです。

(you / do / how)

____________ spell it? — K-e-n. Ken.

ヒント like / how / I

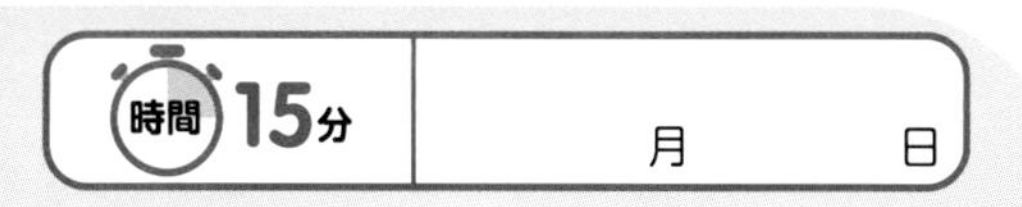

Unit 2
誕生日(たんじょう)について話そう

Part 1

◎ 月を表すことば

1 声に出しながら、文字をなぞって、1～2回自分で書いてみましょう。

(1) 1月［ジャニュエリィ］

January

(2) 2月［フェビュエリィ］

February

(3) 3月［マーチ］

March

(4) 4月［エイプリル］

April

(5) 5月［メイ］

May

(6) 6月［ヂューン］

June

(7) 7月［ヂュライ］

July

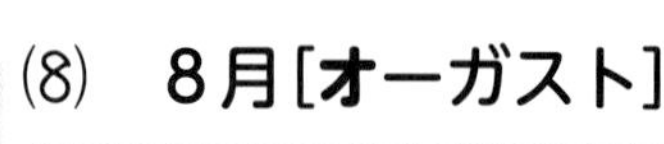

(8) 8月[オーガスト]

【ガ】はguと書くよ。

August

(9) 9月[セプテンバァ]

September

(10) 10月[ア(ー)クトウバァ]

【ト】を強く読みます。

October

(11) 11月[ノウヴェンバァ]

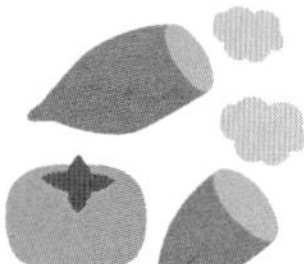

November

(12) 12月[ディセンバァ]

【セン】を強く読むよ。

December

2 声に出して読んだあと、文をなぞりましょう。

When is your birthday?
あなたの誕生(たんじょう)日はいつですか。
— My birthday is January 1st.
わたしの誕生日は 1月1日 です。

ポイント
相手の誕生日をたずねるときは、When is your birthday? と言います。My birthday is＋月を表す語＋順番を表す語.で答えましょう。

(1) あなたの誕生日はいつですか。[(フ)ウェン イズ ユア バースデイ]

When is your birthday?

(2) わたしの誕生日は1月1日です。[マイ バースデイ イズ ヂャニュエリィ ファースト]

My birthday is January 1st.

Unit 2 誕生日(たんじょう)について話そう

Part 2

◉ 日付、身の回りのものを表すことば

❶ 声に出しながら、文字をなぞって、1〜2回自分で書いてみましょう。

(1) 1番目、1日[**ファ**ースト]

日付を言うときは順番を表す語を使います。

first

(2) 2番目、2日[**セ**カンド]

【セ】を強く読むよ。

second

(3) 3番目、3日[**サー**ド]

【サー】はthirと書くよ。

third

(4) 4番目、4日[**フォ**ース]

4のつづりにthをつけます。

fourth

(5) 5番目、5日[**フィ**フス]

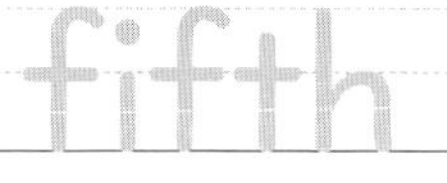

(6) 10番目、10日[**テ**ンス]

tenth

(7) 21番目、21日[トゥ**ウェ**ンティ **ファ**ースト]

twenty「20」と1番目をハイフン(-)でつなぐよ。

twenty-first

(8) ぼうし(ふちなし)[**キャップ**]

cap

(9) ボール[**ボ**ール]

ball

(10) 定規(じょうぎ)[**ル**ーラァ]

ruler

(11) えんぴつ[**ペ**ンスル]

pencil

pen「ペン」も覚えましょう。

(12) 消しゴム[イ**レ**イサァ]

eraser

最初のeは【イ】と発音するよ。

(13) うで時計[**ワ**(ー)ッチ]

watch

2 **声に出して読んだあと、文をなぞりましょう。**

I want [a pink pencil case].

わたしは [ピンクの筆箱] がほしいです。

ポイント

「わたしは〜がほしいです」と言うときは、I want 〜.の形を使います。〜の部分に、ほしいものを入れましょう。

わたしはピンクの筆箱がほしいです。

[**ア**イ **ワ**(ー)ント ア **ピ**ンク **ペ**ンスル **ケ**イス]

I want a pink pencil case.

時間 15分　月　日

Unit 2
誕生(たんじょう)日について話そう

Part 3

◎ 身の回りのものを表すことば

1 声に出しながら、文字をなぞって、1～2回自分で書いてみましょう。

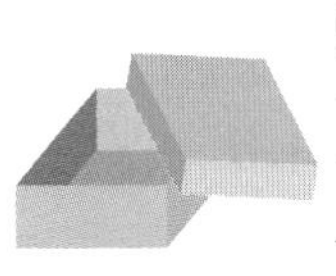

(1) 箱[**バ**(ー)ックス]

box

(2) 茶わん、カップ[**カ**ップ]

cup

(3) ペン、万年筆、ボールペン[**ペ**ン]

pen

(4) (ふちのある)ぼうし[**ハ**ット]

cap「ぼうし(ふちなし)」との違(ちが)いに注意しましょう。

hat

(5) はさみ[**スィ**ザズ]

(6) 接着剤(せっちゃくざい)、のり[グ**ル**ー]

最後のeを書き忘(わす)れないように注意しよう。

glue

(7) 花、草花[フ**ラ**ウア]

【ラ】を強く読むよ。

flower

(8) クレヨン[クレイア(ー)ン]

crayon

(9) ラケット[**ラ**ケット]

ckのつづりに注意しよう。

racket

(10) ノート、手帳[**ノ**ウトブック]

noteは【ノウト】と発音するよ。

notebook

(11) かさ、雨がさ[アンブ**レ**ラ]

【レ】を強く発音します。

umbrella

② 声に出して読んだあと、文をなぞりましょう。

What do you want for your birthday?

あなたは誕生日(たんじょう)に何がほしいですか。

— I want balloons **.**

わたしは 風船 がほしいです。

「あなたは誕生日に何がほしいですか」と相手にたずねるときは、What do you want for your birthday?と言います。I want ～.で答えましょう。

(1) あなたは誕生日に何がほしいですか。
[(フ)**ワ**ット ドゥ **ユー** **ワ**(ー)ント フォ **ユ**ア **バ**ースデイ]

What do you want for your birthday?

(2) わたしは風船がほしいです。[**ア**イ **ワ**(ー)ント バ**ル**ーンズ]

I want balloons.

合格 80点 ／100

月　日

Unit 2
誕生日(たんじょう)について話そう

1 表の中から例のように、単語を見つけましょう。４つかくれています。

20点（1つ5点）

A	u	g	u	s	t
p	k	o	o	b	c
r	F	M	t	r	D
i	c	a	p	c	h
l	J	y	N	a	y
r	a	c	k	e	t

例：April

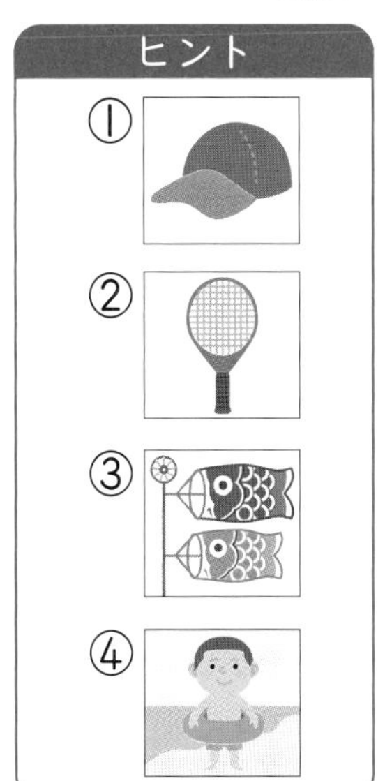

2 絵に合う単語になるように、●と●を線でつなぎましょう。

20点（1つ5点）

① 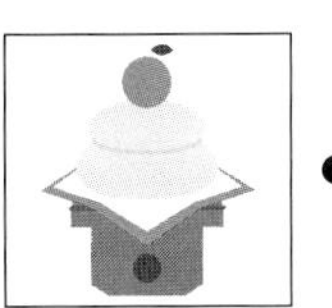 •

②  •

③  •

④  •

• Janu •	• ber
• Octo •	• ly
• Mar •	• ary
• Ju •	• ch

↓うらのページにつづくよ！

3 右の絵に合う文を線でつなぎましょう。 20点(1つ5点)

① I want a pencil. ● ●

② I want a red ball. ● ● 11月 7日

③ My birthday is June 10th. ● ● 6月 10日

④ My birthday is November 7th. ● ●

4 絵の人に合うふき出しになるように、[　　]に当てはまる単語をヒントから選んで書きましょう。ヒントの単語は何度使ってもかまいません。文の最初の文字は大文字で書きましょう。 40点(1つ10点)

① ＿＿＿＿ is your birthday?

② 12月 4日 My birthday is ＿＿＿＿ 4th.

③ I ＿＿＿＿ a banana.

④ ＿＿＿＿ ＿＿＿＿ a dog.

ヒント want / December / I / when

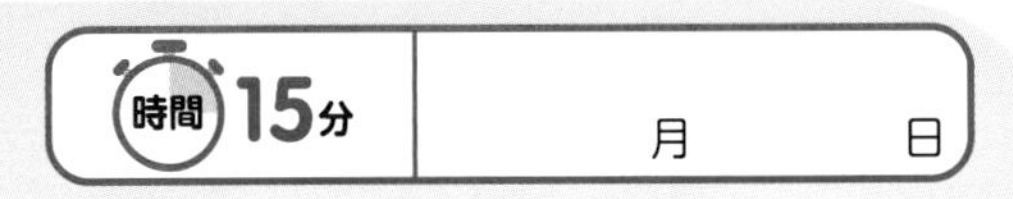

Unit 3
教科について話そう

Part 1

◉ 教科を表すことば

1 **声に出しながら、文字をなぞって、1～2回自分で書いてみましょう。**

(1) 教科[**サ**ブヂェクト]

subject

(2) 英語[**イ**ングリッシ]

Eは大文字で書くよ。

English

(3) 算数[**マ**ス]

thは【ス】と発音するよ。

math

(4) 理科[**サ**イエンス]

science

(5) 国語[ヂャパ**ニ**ーズ]

Jは大文字で書きます。

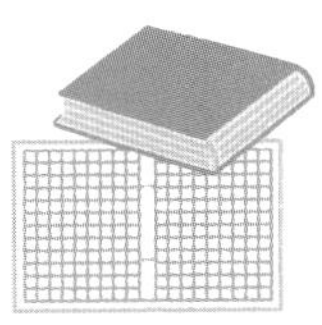

Japanese

(6) 社会[**ソ**ウシャル ス**タ**ディズ]

social studies

(7) 音楽[**ミュ**ーズィック]

muは【ミュー】と発音するよ。

music

(8) 体育[ピー**イー**]

P.E.

(9) 家庭科[**ホ**ウム イーコ**ナ**(ー)ミックス]

home economics

(10) 図画工作[**アー**ツ アンド ク**ラ**フツ]

arts and crafts

(11) 道徳[**モ**(ー)ラル エヂュ**ケ**イション]

moral education

(12) 書写[カ**リ**グラフィ]

calligraphy

❷ 声に出して読んだあと、文をなぞりましょう。

What subjects do you like?
あなたは何の教科が好きですか。
— I like [P.E].
わたしは[体育]が好きです。

ポイント
好きな教科をたずねるときは、「何の教科が」を表すWhat subjectsで始め、「あなたは好きですか」を表すdo you likeを続けます。I like＋教科名.で答えましょう。

(1) あなたは何の教科が好きですか。[(フ)**ワット** **サ**ブヂェクツ ドゥ **ユー** **ライ**ク]

What subjects do you like?

(2) わたしは体育が好きです。[**アイ** **ライ**ク ピー**イー**]

I like P.E.

時間 15分　　月　　日

Unit 3 教科について話そう

Part 2

◎ 曜日、教科を表すことば

1 声に出しながら、文字をなぞって、1～2回自分で書いてみましょう。

(1) 月曜日[**マ**ンデイ]

曜日の単語は大文字で始めます。

Monday

カレンダー
日月火水木金土

(2) 火曜日[**トゥ**ーズデイ]

sは【ズ】と発音するよ。

Tuesday

カレンダー
日月火水木金土

(3) 水曜日[**ウェ**ンズデイ]

最初のdは発音しないよ。

Wednesday

(4) 木曜日[**サ**ーズデイ]

Thursday

カレンダー
日月火水木金土

(5) 金曜日[フ**ラ**イデイ]

【ラ】を強く読むよ。

Friday

(6) 土曜日[**サ**タデイ]

Saturday

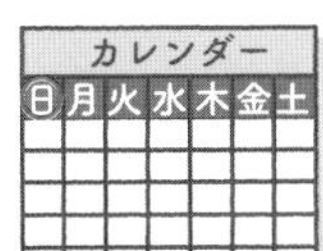

(7) 日曜日[**サ**ンデイ]

Sunday

(8) 競技会（きょうぎかい）[**ゲイムズ**]

games

(9) 演劇（えんげき）[ドゥ**ラー**マ]

【ラ】を強く読みます。

drama

(10) 中国語[チャイ**ニー**ズ]

Cは大文字で書くよ。

Chinese

❷ 声に出して読んだあと、文をなぞりましょう。

What do you have on Thursday?

あなたは木曜日に何がありますか。

— I have math, music, and English.

わたしは算数、音楽、そして英語があります。

ポイント

それぞれの曜日に何の教科があるのか、時間割（じかんわり）についてたずねるときはWhat do you have on＋曜日？と言います。I have＋教科名.で答えましょう。

(1) あなたは木曜日に何がありますか。[(フ)**ワッ**ト ドゥ **ユー ハ**ヴ **アー**ン **サー**ズデイ]

What do you have on Thursday?

(2) わたしは算数、音楽、そして英語があります。
[**アイ ハ**ヴ **マ**ス **ミュー**ズィック **ア**ンド **イ**ングリッシ]

I have math, music, and English.

Unit 3
教科について話そう

時間 15分　合格 80点　／100

月　日

サクッとこたえあわせ
答え 66ページ

1 絵を見ながら、空いているところに文字を入れ、パズルを完成させましょう。

20点(1つ5点)

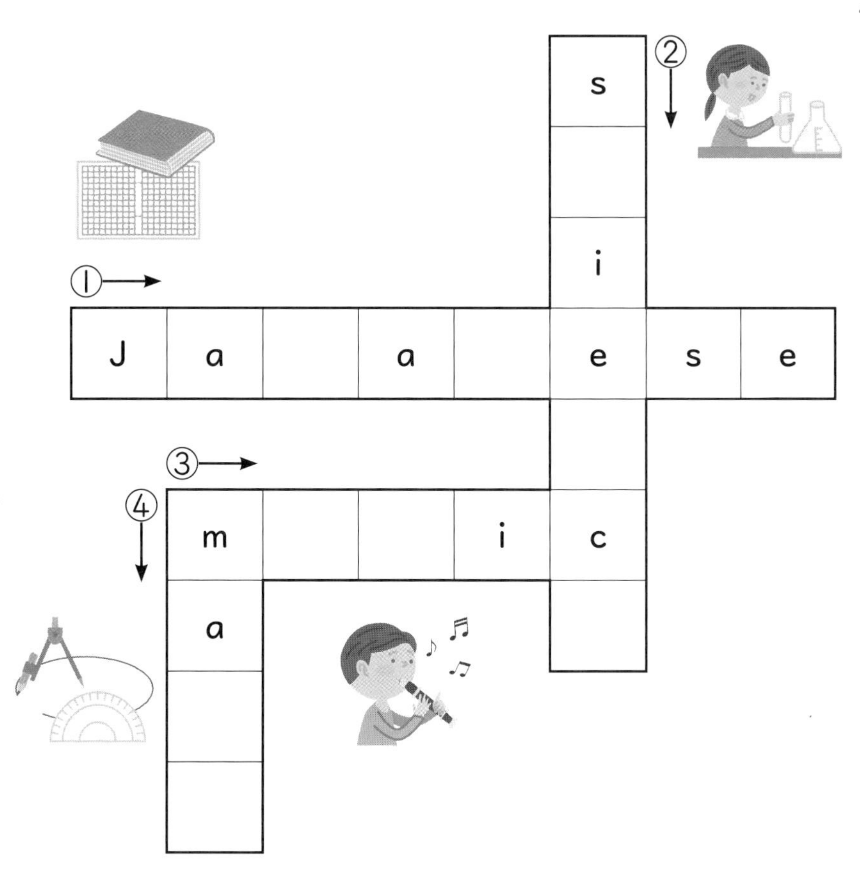

2 絵を表す単語になるように、ア・イから正しいつづりを選び○で囲(かこ)みましょう。

20点(1つ5点)

① 

ア　Saturday
イ　saturday

② 

ア　Thursday
イ　Tursday

③ 

ア　Wenesday
イ　Wednesday

④ 

ア　Engrish
イ　English

↓うらのページにつづくよ!

3 ハルカとユウマが、月曜日の時間割をたずねられて、それに答えています。ハルカとユウマの月曜日の授業は何でしょうか。例にならって、絵の中からそれぞれ2つ○で囲みましょう。　20点(1つ10点)

① I have English, P.E., and social studies.

② I have math, Japanese, and arts and crafts.

4 [　　] に当てはまる単語をヒントから選び、日本語に合う文を書きましょう。ヒントの単語は何度使ってもかまいません。文の最初の文字は大文字で書きましょう。　40点(1つ10点)

① あなたは何の教科が好きですか。

______ ______ do you like?

② ぼくは書写と理科が好きです。(①に答えて)

______ ______ calligraphy and science.

③ あなたは金曜日に何がありますか。

______ do you have on ______?

④ わたしは英語、道徳、そして家庭科があります。(③に答えて)

I have English, moral education, and

______.

ヒント　I / home economics / subjects / Friday / like / what

Unit 1 ～ Unit 3

合格 80点 ／100

月　日

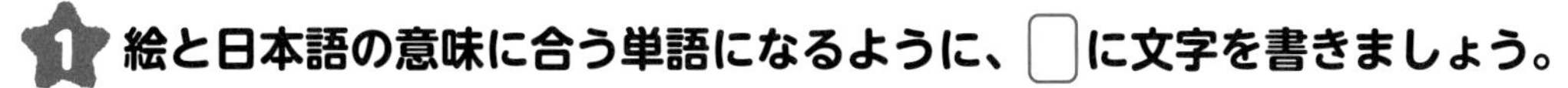

1 **絵と日本語の意味に合う単語になるように、□に文字を書きましょう。**

20点(1つ5点)

①

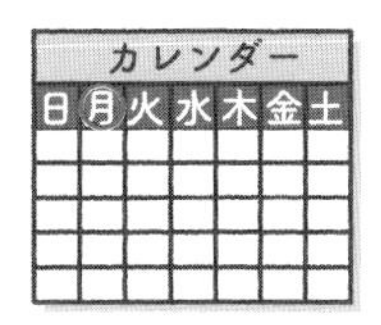

(月曜日)

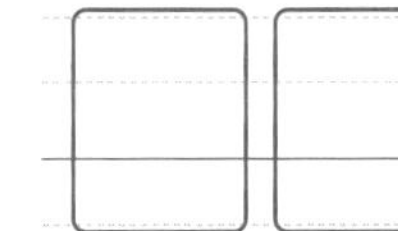

□□nday

②

(バレーボール)

□ol□eyball

③

(英語)

E□glis□

④

(9月)

□epte□ber

2 **読み方をヒントにして、(　)の中の文字を並(なら)べかえ、右の絵に合う単語を作りましょう。**

20点(1つ5点)

① (r, l, e, u, r) [**ルーラァ**]

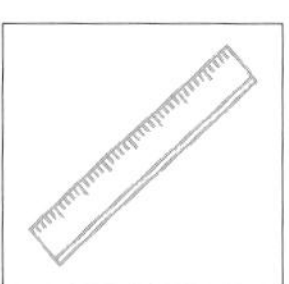

② (p, a, p, e, l) [**アプル**]

③ (c, i, u, s, m) [**ミューズィック**]

④ (s, A, t, u, u, g) [**オーガスト**]

うらのページにつづくよ!

3 質問に合う答えを線でつなぎましょう。

24点(1つ8点)

①	How do you spell it?		I have math, Japanese, and social studies.
②	When is your birthday?		T-a-k-u. Taku.
③	What do you have on Tuesday?		My birthday is February 5th.

4 日本語に合う英文になるように、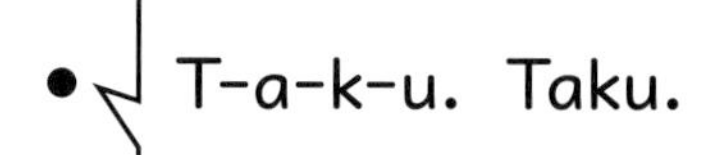に当てはまる単語を書きましょう。文の最初の文字は大文字で書きましょう。

36点(1つ9点)

① わたしはハルカです。わたしは鳥が好きです。

________ Haruka. I ________ birds.

② あなたは何の教科が好きですか。

________ subjects ________ you like?

③ わたしは体育と理科が好きです。(②に答えて)

________ ________ P.E. and science.

④ ぼくは緑色のぼうしがほしいです。

________ ________ a green cap.

時間 15分　　月　　日

Unit 4 Part 1
できること・できないことについて話そう

◎ 動作を表すことば

1 声に出しながら、文字をなぞって、１～２回自分で書いてみましょう。

(1) 泳ぐ[スウィム]

swim

(2) おどる[ダンス]

dance

(3) 飛ぶ[フライ]

fly

(4) 料理する[クック]

cook「料理する」はoを２つ続けて書くよ。

cook

(5) なわとびをする[ヂャンプ ロウプ]

jumpのumは【ァン】と読みます。

jump rope

(6) 絵をかく[ドゥロー ピクチャズ]

draw pictures

(7) 一輪車に乗る[ライド ア ユーニサイクル]

ride「乗る」のiは【アイ】と発音するよ。

ride a unicycle

⑻ 速く走る[**ラン ファスト**]

fast「速く」をfirst「1番目、1日」とまちがえないようにしましょう。

run fast

⑼ 上手に歌う[**スィング ウェル**]

sing well

⑽ サッカーをする[**プレイ サ**(ー)カァ]

playは「(競技(きょうぎ)など)をする」という意味だよ。

play soccer

⑾ バスケットボールをする[**プレイ バ**スケットボール]

play basketball

⑿ けん玉をする[**ドゥー** ケンダマ]

do kendama

❷ 声に出して読んだあと、文をなぞりましょう。

Can you ride a bicycle **?**

あなたは自転車に乗ることができますか。

—Yes, I can ride a bicycle **.**

はい、わたしは 自転車に乗る ことができます。

ポイント

相手のできることをたずねるときはCan you ～?と言います。「はい」はYes(イエス)、「いいえ」はNo(ノウ)と言います。自分ができることを伝えるときはI can ～.で表します。

⑴ あなたは自転車に乗ることができますか。[**キャン ユー ライ**ド ア **バイ**スィクル]

Can you ride a bicycle?

⑵ はい、わたしは自転車に乗ることができます。
[**イエス アイ キャン ライ**ド ア **バイ**スィクル]

Yes, I can ride a bicycle.

きほんのドリル 16。

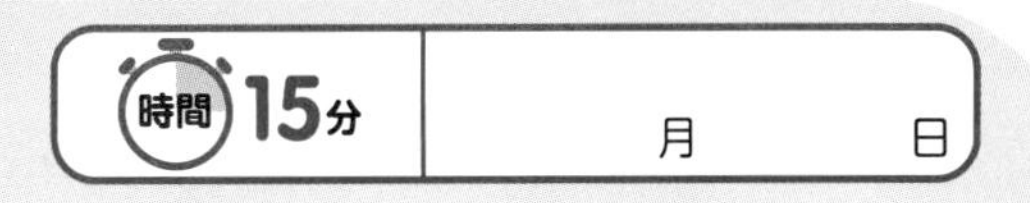

Unit 4 Part 2
できること・できないことについて話そう

◎ 代名詞、動作を表すことば

1 声に出しながら、文字をなぞって、1～2回自分で書いてみましょう。

(1) 彼(かれ)は、彼が[**ヒー**]

he

(2) 彼女(かのじょ)は、彼女が[**シー**]

she

(3) バドミントンをする[**プ**レイ **バ**ドミントゥン]

play badminton

(4) ドッジボールをする[**プ**レイ **ダ**(ー)ッヂボール]

play dodgeball

(5) 剣道(けんどう)をする[**ドゥ** ケンドー]

日本語のままで通じるスポーツの名前もあるよ。

do kendo

(6) 馬に乗る[**ラ**イド ア **ホ**ース]

ride a horse

(7) やきそばを作る[**ク**ック ヤキソバ]

cook yakisoba

(8)　50メートル泳ぐ[スウィム フィフティ ミータァズ]

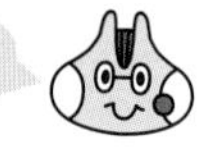

「メートル」は日本語と同じくmと書きます。

swim 50m

(9)　ネコをかく[ドゥロー ア キャット]

draw a cat

(10)　ピアノをひく[プレイ ザ ピアノウ]

楽器の前にはtheをつけるよ。

play the piano

(11)　リコーダーをふく[プレイ ザ リコーダァ]

play the recorder

(12)　ギターをひく[プレイ ザ ギター]

play the guitar

❷ 声に出して読んだあと、文をなぞりましょう。

He can play baseball .
彼(かれ)は 野球をする ことができます。

He can't play *shogi* .
彼は しょうぎをする ことができません。

ポイント

「彼/彼女(かのじょ)は～することができます」はHe(ヒー)/She(シー) can ～.、「彼/彼女は～することができません」はHe/She can't ～.と言います。自分のできないことはI can't ～.と言います。

(1)　彼は野球をすることができます。[ヒー キャン プレイ ベイスボール]

He can play baseball.

(2)　彼はしょうぎをすることができません。[ヒー キャント プレイ ショーギ]

He can't play shogi.

合格 80点 ／100

月　日

Unit 4
できること・できないことについて話そう

1 表の中から例のように、単語を見つけましょう。4つかくれています。

20点（1つ5点）

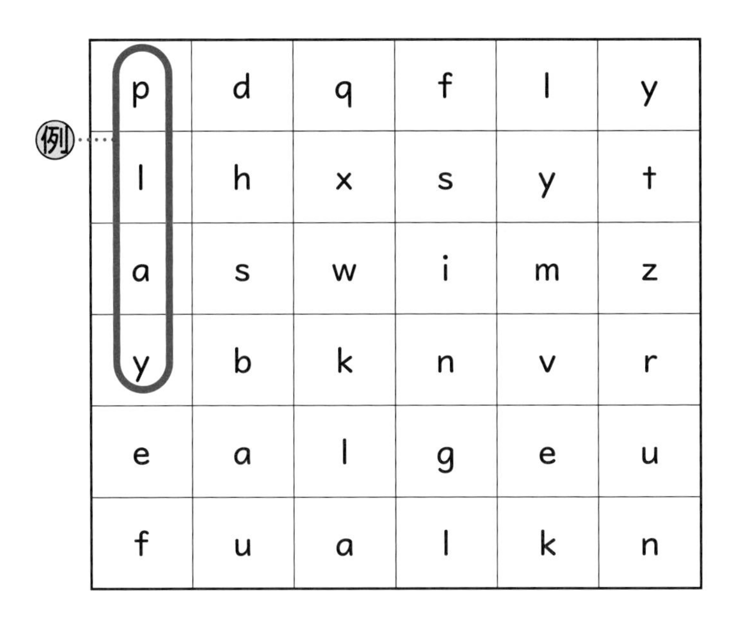

p	d	q	f	l	y
l	h	x	s	y	t
a	s	w	i	m	z
y	b	k	n	v	r
e	a	l	g	e	u
f	u	a	l	k	n

例

2 絵と日本語の意味に合う単語になるように、□に文字を書きましょう。

20点（1つ5点）

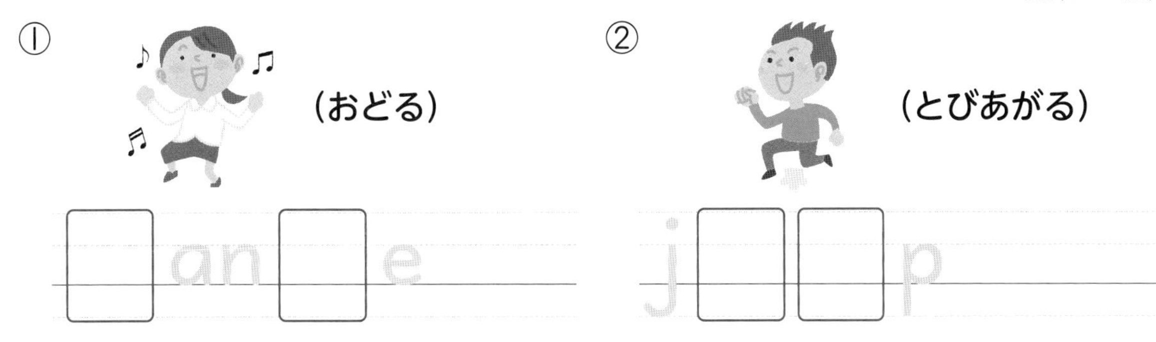

↓うらのページにつづくよ！

3 右の絵に合う文を線でつなぎましょう。 24点(1つ8点)

① She can't run fast. •　　　　　　　　　　　　•

② He can play the piano. •　　　　　　　　　　　　•

③ I can play badminton. •　　　　　　　　　　　　•

4 日本語に合う英文になるように、①・②は［　］から３語ずつ選び、③・④は(　)の中の単語を並(なら)べかえて文を完成させましょう。文の最初の文字は大文字で書きましょう。 36点(1つ9点)

① あなたは一輪車に乗ることができますか。—はい、わたしは一輪車に乗ることができます。

you / I / she / can / can't

__________ __________ ride a unicycle?

— Yes, __________ can ride a unicycle.

② わたしはギターをひくことができません。

can / do / play / I / can't

__________ __________ __________ the guitar.

③ わたしは上手にバドミントンをすることができます。
(play / can / badminton / I)

______________________________ well.

④ 彼(かれ)は剣道(けんどう)をすることができません。
(kendo / can't / do / . / he)

____

時間 15分　月　日

Unit 5 Part 1
身の回りの人について話そう

◉ 人、家族構成を表すことば

1 声に出しながら、文字をなぞって、1～2回自分で書いてみましょう。

(1) 父[ファーザァ]

faは「ファー」とのばして発音します。

father

(2) 母[マザァ]

【マ】はmoと書くことに気をつけよう。

mother

(3) 兄、弟[ブラザァ]

theは【ザ】と発音するよ。

brother

(4) 姉、妹[スィスタァ]

sister

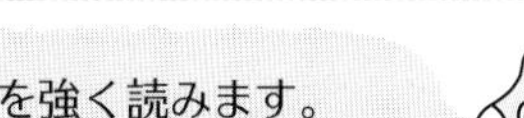

(5) 祖父[グラン(ド)ファーザァ]

【ラ】を強く読みます。

grandfather

(6) 祖母[グラン(ド)マザァ]

grandmother

(7) 近所の人[ネイバァ]

【ネイ】はneighと書くことに気をつけよう。

neighbor

(8) 友だち[**フレ**ンド]

friend

(9) わたしを、わたしに[**ミー**]

me

(10) ヒーロー、あこがれの人[**ヒー**ロウ]

roは【ロウ】と発音するよ。

hero

2 声に出して読んだあと、文をなぞりましょう。

Who is this **?**
こちらはだれですか。

— She is my sister **.**
彼女(かのじょ)はわたしの姉です。

ポイント
「～はだれですか」とたずねるときは、Who is ～?と言います。「彼(かれ)／彼女は～です」と答えるときはHe/She is ～.で表します。

(1) こちらはだれですか。
[**フー** イズ **ズィ**ス]

Who is this?

(2) 彼女はわたしの姉です。
[シー **イ**ズ マイ **スィ**スタァ]

She is my sister.

きほんのドリル 19

Unit 5 Part 2
身の回りの人について話そう

◉ 職業(しょくぎょう)、性格(せいかく)を表すことば

1 声に出しながら、文字をなぞって、1～2回自分で書いてみましょう。

(1) 俳優(はいゆう)[**ア**クタァ]

actor

(2) スポーツ選手[**ア**スリート]

【ア】を強く読みます。

athlete

(3) お笑い芸人[コミーディアン]

comedian

(4) 消防士(しょうぼうし)[**ファ**イアファイタァ]

fire fighterと2語で書くこともあるよ。

firefighter

(5) パン屋[**ベ**イカァ]

bake【ベイク】は「～を焼く」という意味だよ。

baker

(6) 医者[**ダ**(ー)クタァ]

doctor

(7) 活発な[**ア**クティヴ]

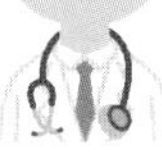

active

(8) 勇かんな[ブ**レ**イヴ]

brave

(9) おかしい、おもしろい[**ファ**ニィ]

nを2つ続けて書くよ。

funny

(10) かっこいい[**クー**ル]

oを2つ続けて書きます。

cool

(11) 親しい、友好的な[フ**レ**ンドリィ]

friendは「友だち」という意味だよ。

friendly

(12) 親切な[**カ**インド]

kind

2 声に出して読んだあと、文をなぞりましょう。

She is active **.**
彼女(かのじょ)は 活発 です。

He can sing well **.**
彼(かれ)は 上手に歌う ことができます。

ポイント
He/She is ～. 「彼/彼女は～です」の～の部分には名前、職業、性格、特ちょうなどを入れます。「彼/彼女は～することができます」はHe/She can ～. と言います。

(1) 彼女は活発です。[**シー イズ ア**クティヴ]

She is active.

(2) 彼は上手に歌うことができます。[**ヒー キャン スィ**ング **ウェ**ル]

He can sing well.

まとめのドリル 20

Unit 5
身の回りの人について話そう

合格 80点 ／100

月　日

1 表の中から例のように、単語を見つけましょう。４つかくれています。

20点（1つ5点）

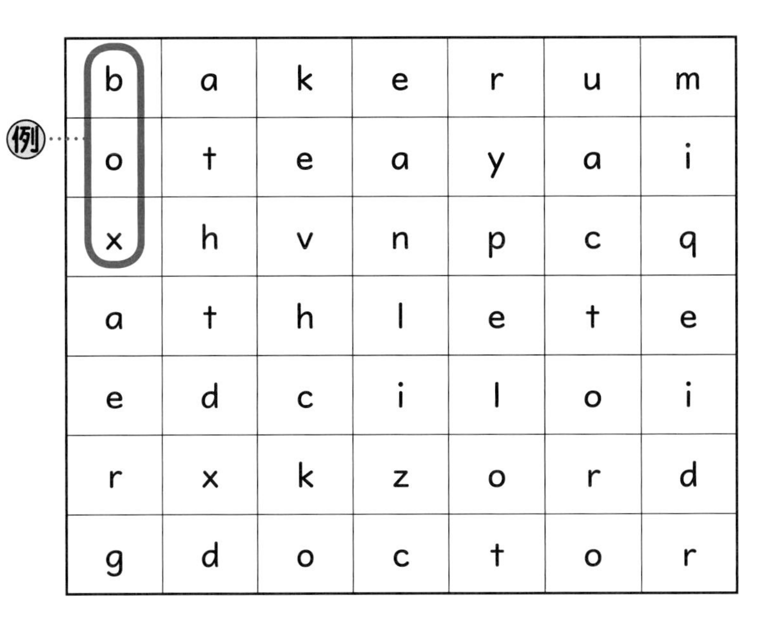

b	a	k	e	r	u	m
o	t	e	a	y	a	i
x	h	v	n	p	c	q
a	t	h	l	e	t	e
e	d	c	i	l	o	i
r	x	k	z	o	r	d
g	d	o	c	t	o	r

例……box

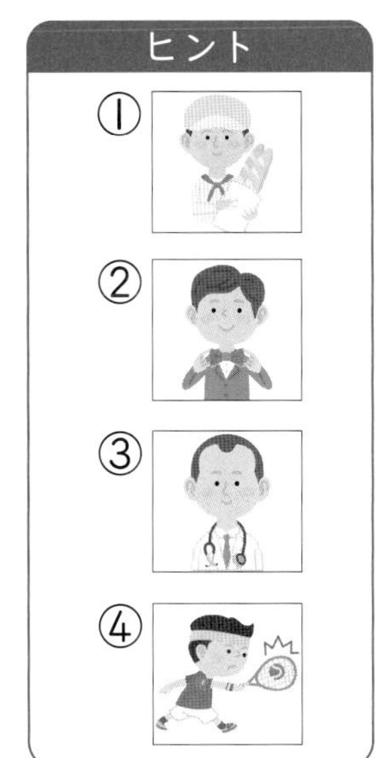

2 ①～④を表す単語を、下の□から選んで書きましょう。

20点（1つ5点）

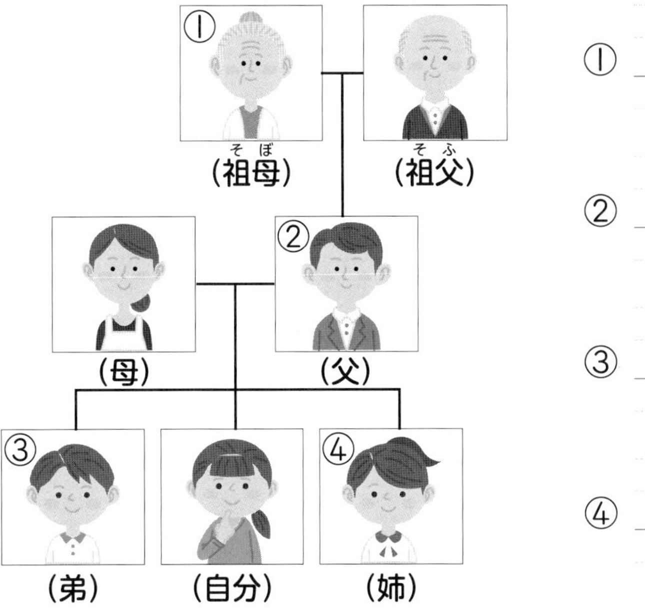

① ＿＿＿＿＿＿＿＿

② ＿＿＿＿＿＿＿＿

③ ＿＿＿＿＿＿＿＿

④ ＿＿＿＿＿＿＿＿

mother / brother / father / grandmother / sister / grandfather

うらのページにつづくよ！

3 絵に合うように、下の□から当てはまる単語を選び、文を完成させましょう。同じ単語は１度しか使えません。文の最初の文字は大文字で書きましょう。30点(1つ10点)

①

My hero ______ Tanaka Kenta.

He is a ______.

②

______ is a singer.

She ______ sing well.

③

He is a ______.

______ is brave.

he / comedian / firefighter / she / is / can

4 ①は(　)内の指示に従って英文を書きかえたときに□に当てはまる単語を書き、②・③は日本語に合う英文になるように、□から３語ずつ選び文を完成させましょう。文の最初の文字は大文字で書きましょう。 30点(1つ10点)

① She is my mother. (下線部をfatherにかえて)

______ ______ my father.

② 彼女は親しみやすいです。

like / is / friendly / he / she

______ ______ ______.

③ 彼はおどることができます。

he / she / dance / play / can

______ ______ ______.

きほんのドリル 21.

Unit 6
場所について話そう

時間 15分　　月　　日

Part 1

◉ 位置、身の回りのものを表すことば

1 声に出しながら、文字をなぞって、1～2回自分で書いてみましょう。

(1) ～の中に[イン]

in

(2) ～の上に[ア(ー)ン]

on

(3) ～の下に[アンダァ]

under

(4) ～のそばに[バイ]

by

(5) かばん[バッグ]

bag

(6) ベッド[ベッド]

bed

(7) つくえ[デスク]

desk

【ウィ】を強く読むよ。

(8) 窓[**ウィ**ンドウ]

window

つづりに注意しましょう。

(9) いす[**チェ**ア]

chair

(10) コンピューター[コン**ピュ**ータァ]

computer

(11) 時計[ク**ラ**(ー)ック]

clock

(12) 箱[**バ**(ー)ックス]

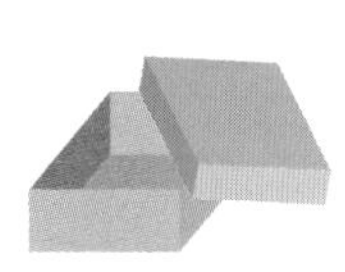

box

2 声に出して読んだあと、文をなぞりましょう。

Where is the cup ?
カップはどこですか。
— It's on the desk.
それはつくえの上にあります。

ポイント
「～はどこですか」と場所をたずねるときは、Where is ～?と言います。in ～「～の中に」、on ～「～の上に」、under ～「～の下に」、by ～「～のそばに」で位置を表します。

(1) カップはどこですか。[(フ)**ウェ**ア **イ**ズ ザ **カ**ップ]

Where is the cup?

(2) それはつくえの上にあります。[**イ**ッツ **ア**(ー)ン ザ **デ**スク]

It's on the desk.

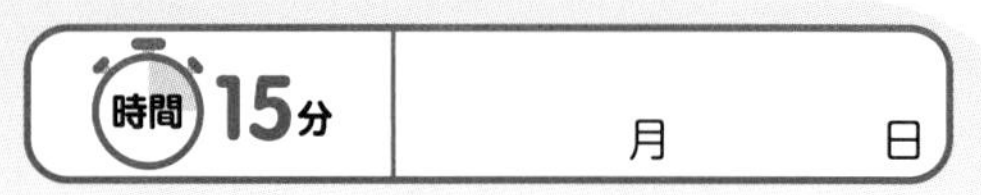

Unit 6 場所について話そう

Part 2

◉ 町にあるものを表すことば

❶ 声に出しながら、文字をなぞって、1～2回自分で書いてみましょう。

tionで【ション】と読みます。

(1) 駅［**ステ**イション］

station

(2) スーパーマーケット［**ス**ーパマーケット］

supermarket

ooで【ウー】と読むよ。

(3) 学校［ス**ク**ール］

school

gyで【ヂ】と読むよ。

(4) 体育館［**ヂ**ム］

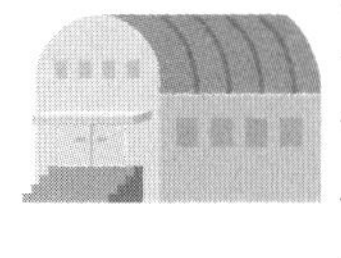

gym

(5) 図書館［**ラ**イブレリィ］

library

tauのつづりに注意しましょう。

(6) レストラン［**レ**ストラント］

restaurant

arで【アー】と読むよ。

(7) 公園［**パ**ーク］

park

(8) 病院［**ハ**(ー)スピトゥル］

【ホスピタル】とは読まないので注意しよう。

hospital

(9) 動物園［**ズ**ー］

oを２つ続けて書こう。

zoo

(10) 寺院、寺［**テ**ンプル］

最後のeを書き忘（わす）れないように注意しましょう。

temple

(11) 本屋、書店［**ブ**ックストー］

bookstore

(12) 市役所［スィティ **ホ**ール］

city hall

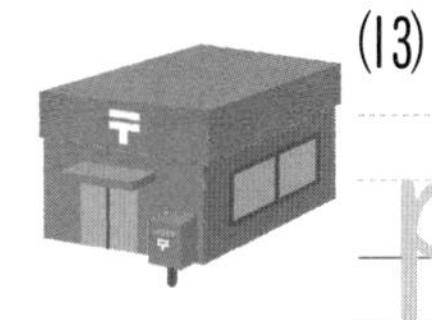

(13) 郵便局（ゆうびんきょく）［**ポ**ウスト ア(ー)フィス］

postは「郵便」という意味だよ。

post office

(14) 花屋［フ**ラ**ウア シャ(ー)ップ］

flower shop

❷ 声に出して読んだあと、文をなぞりましょう。

Where is the station **?**

駅はどこですか。

ポイント

「～はどこですか」と場所をたずねるときは、Where is ～?と言います。

駅はどこですか。［(フ)**ウェ**ア **イ**ズ ザ ス**テ**イション］

Where is the station?

Unit 6 場所について話そう

Part 3

時間 15分　　月　　日

◉ 町にあるものを表すことば

1 声に出しながら、文字をなぞって、1～2回自分で書いてみましょう。

(1) 庭、庭園[**ガ**ードゥン]

garden

(2) 家[**ハ**ウス]

最後のeを書き忘(わす)れないようにしよう。

house

(3) 神社[シ**ラ**イン]

iは【アイ】と発音するよ。

shrine

(4) 城[**キャ**スル]

【キャ】を強く読みます。

castle

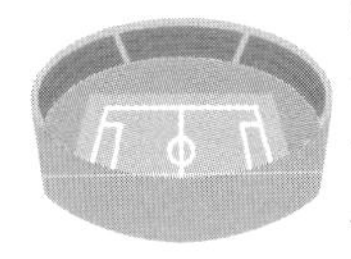

(5) 競技場(きょうぎじょう)、スタジアム[ス**テ**イディアム]

aは【エイ】と発音するよ。

stadium

(6) 博物館、美術館(びじゅつかん)[ミュ(ー)**ズィ**(ー)アム]

museum

(7) 水族館[アク**ウェ**(ア)リアム]

aquarium

(8) 消防署（しょうぼうしょ）[**ファ**イア ス**テ**イション]

fire station

(9) バス停（てい）[**バ**ス スタ(ー)ップ]

stopはバスなどの停留所（ていりゅうじょ）という意味です。

bus stop

(10) 遊園地[ア**ミュー**ズメント **パー**ク]

amusement park

(11) デパート、百貨店[ディ**パー**トメント ス**トー**]

department store

2 声に出して読んだあと、文をなぞりましょう。

Where is the zoo **?**
動物園はどこですか。
— Go straight.
まっすぐ行ってください。
Turn left **at the second corner.**
２つ目の角を左に曲がってください。

ポイント
道案内では、go straight「まっすぐ行く」、turn left/right ～「～を左/右に曲がる」をよく使います。

(1) 動物園はどこですか。[(フ)**ウェ**ア **イ**ズ ザ **ズー**]

Where is the zoo?

(2) まっすぐ行ってください。[**ゴ**ウ ストゥ**レ**イト]

Go straight.

(3) ２つ目の角を左に曲がってください。[**ター**ン **レ**フト アト ザ **セ**カンド **コー**ナァ]

Turn left at the second corner.

時間 15分　合格 80点　／100

月　日

サクッとこたえあわせ

Unit 6
場所について話そう

1 絵と日本語の意味に合う単語になるように、□に文字を書きましょう。

20点（1つ5点）

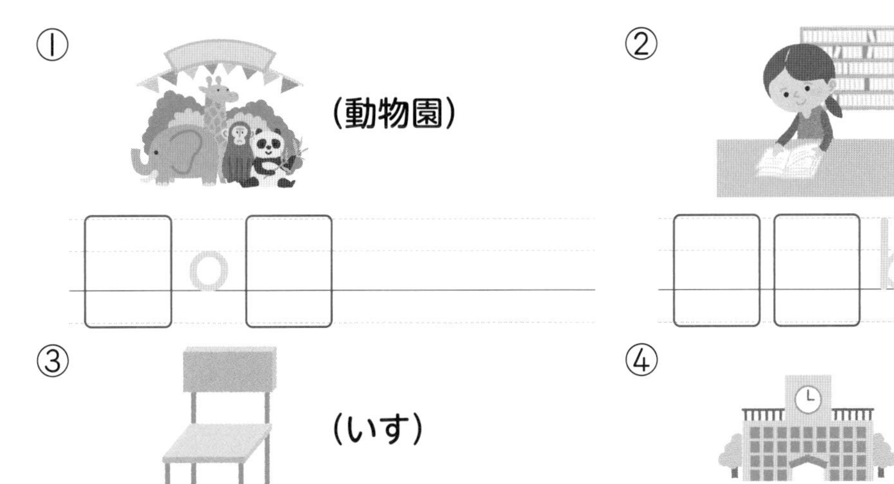

① （動物園）　□ o □

② （図書館）　□ □ b □ ary

③ （いす）　□ □ □ ir

④ （学校）　s □ □ □ ol

2 絵に合う単語になるように、●と●を線でつなぎましょう。

20点（1つ5点）

① 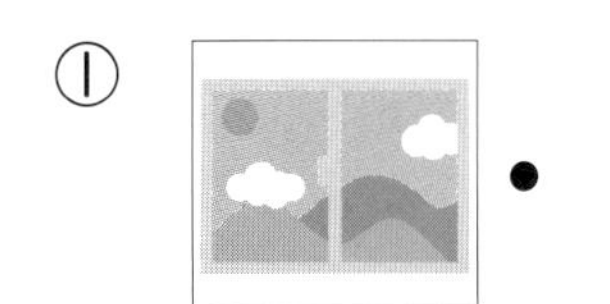 •　　

②  •　　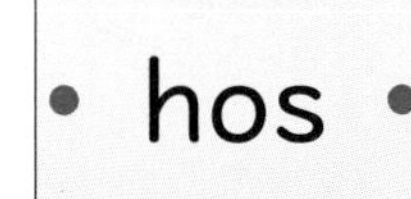

③ 

•　　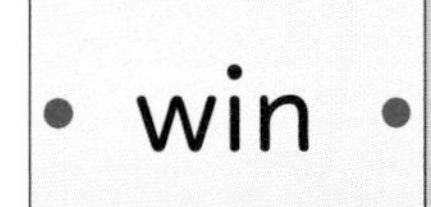

④ •　　

• dow

うらのページにつづくよ！

3 ★印の場所で、公園(park)までの道を聞かれました。[　　]に当てはまる単語をヒントから選んで、道案内の文を完成させましょう。

30点(1つ10点)

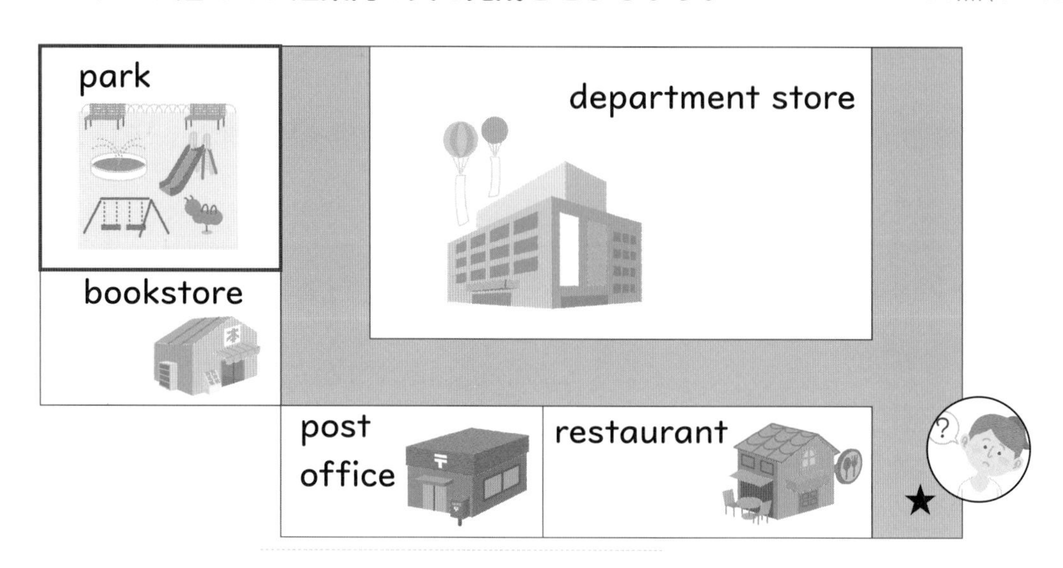

① Turn left. Go ______________.

② Turn ______________.

③ You can see it on your ______________.

ヒント
right
left
straight

4 絵に合うように、質問の答えをア・イから１つずつ選び○で囲み(かこ)ましょう。

30点(1つ10点)

① 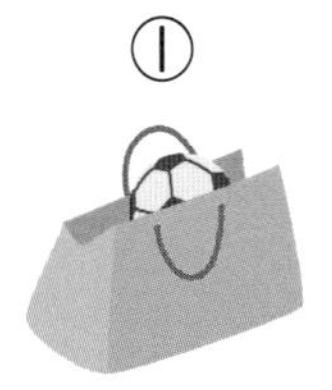
② 
③ 

① Where is my soccer ball?

ア It's on the bag.　　イ It's in the bag.

② Where is your book?

ア It's under the desk.　　イ It's on the desk.

③ Where is your cap?

ア It's by the bed.　　イ It's under the bed.

冬休みの
ホームテスト
25

時間 15分　合格 80点　／100

月　日

答え 69、70ページ

Unit 4～Unit 6

1 しりとりになるように、①～④の□に文字を書きましょう。　20点（1つ5点）

① 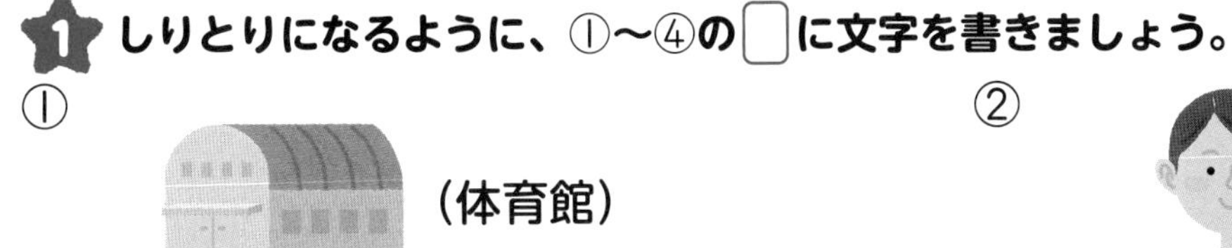 （体育館）

□□□ →

②   （母）

□□□her

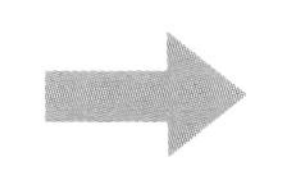
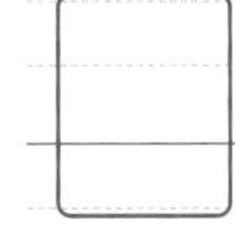

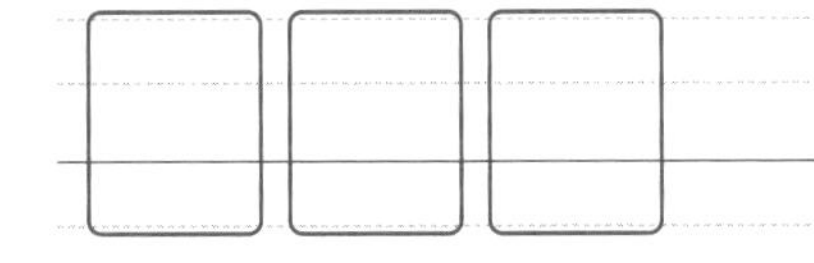

③  （レストラン）

res□□□rant →

④  （寺院、寺）

te□□l□

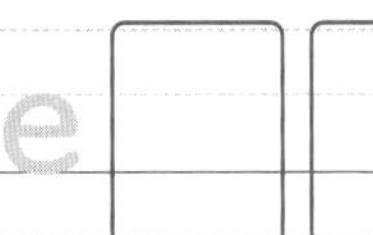

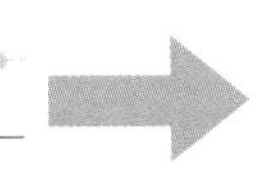
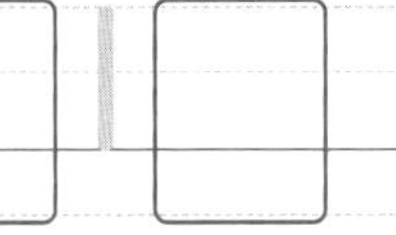

2 読み方をヒントにして、（　）の中の文字を並(なら)べかえ、右の絵に合う単語を作りましょう。　20点（1つ5点）

① (e, a, r, b, k) [ベイカァ]

② (h, t, e, l, t, a, e) [アスリート]

③ (h, e, r, b, t, o, r) [ブラザァ]

④ (o, b, t, s, o, re, ok) [ブックストー]

うらのページにつづくよ!

3 次の①・②の会話について、（　　）に入れるのに最も当てはまる文をア～ウの中から1つずつ選び○で囲みましょう。 20点（1つ10点）

① A : Where is my bag?
B : (　　　　　　　　　　　　)
ア　I want a yellow bag.　　イ　It's 2,000 yen.
ウ　It's under the desk.

② A : (　　　　　　　　　　　　)
B : Go straight. Turn left at the first corner. You can see it on your right.
ア　What would you like?　　イ　Where is the post office?
ウ　Where do you want to go?

4 日本語に合う英文になるように、①・②は□から3語ずつ選び、③・④は（　）の中の単語を並べかえて文を完成させましょう。文の最初の文字は大文字で書きましょう。 40点（1つ10点）

① わたしの消しゴムはどこですか。―それは箱の中にあります。

how / box / is / it's / on / in

Where is my eraser?

― ＿＿＿＿＿＿ ＿＿＿＿＿＿ the ＿＿＿＿＿＿.

② わたしのヒーローはわたしの祖父です。彼は親切です。

he / she / father / grandfather / can / is

My hero is my ＿＿＿＿＿＿＿＿＿＿.

＿＿＿＿＿＿ ＿＿＿＿＿＿ kind.

③ 彼女は俳優です。(is / actor / she / . / an)

＿＿＿＿＿＿＿＿＿＿＿＿＿＿＿＿＿＿＿＿

④ 彼は上手に歌うことができます。(can / sing / he / . / well)

＿＿＿＿＿＿＿＿＿＿＿＿＿＿＿＿＿＿＿＿

Unit 7 ほしいものについて話そう

Part 1

◎ 食べ物、飲み物を表すことば

1 声に出しながら、文字をなぞって、1～2回自分で書いてみましょう。

rice「ごはん」のiは【アイ】と発音します。

(1) カレーライス[**カーリィ アンド ライス**]

curry and rice

(2) ハンバーガー[**ハンバーガァ**]

hamburger

(3) スパゲッティ[スパ**ゲ**ティ]

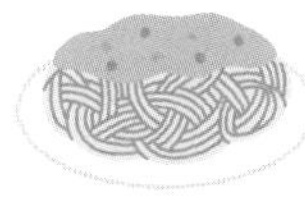

spaghetti

eaは【エイ】と発音するよ。

(4) ステーキ[ス**テ**イク]

steak

dをdaと書かないように注意しよう。

(5) サラダ[**サ**ラッド]

salad

eaで【エ】と読みます。

(6) パン[ブ**レ**ッド]

bread

ouで【ウー】と読むよ。

(7) スープ[**ス**ープ]

soup

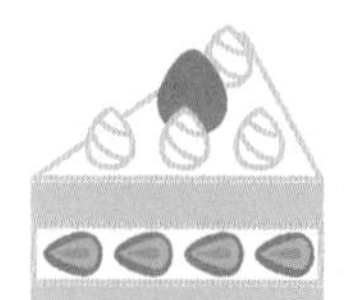

(8)　ケーキ[**ケ**イク]

aは【エイ】、keは【ク】と発音します。

cake

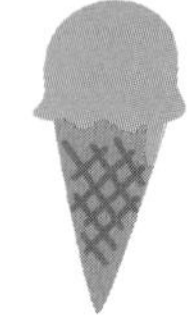

(9)　アイスクリーム[**ア**イス **ク**リーム]

ice cream

(10)　コーヒー[**コ**(ー)フィ]

fを2つ、eも2つ続けて書くよ。

coffee

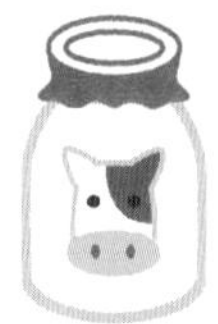

(11)　牛乳(ぎゅうにゅう)[**ミ**ルク]

milk

(12)　オレンジジュース[**オ**(ー)レンヂ **ヂュ**ース]

orange juice

2 **声に出して読んだあと、文をなぞりましょう。**

What would you like?
何になさいますか。
— I'd like French fries.
フライドポテトがほしいのですが。

ポイント
「何」を表すwhatを使って、「何になさいますか」と相手にていねいにたずねるときは、What would you like?と言います。I'd like＋ほしいもの.で答えましょう。

(1)　何になさいますか。[(フ)**ワ**ット ウジュー **ラ**イク]

What would you like?

(2)　フライドポテトがほしいのですが。[**ア**イド **ラ**イク **フ**レンチ **フ**ライズ]

I'd like French fries.

Unit 7
ほしいものについて話そう

Part 2

◎ ねだん、味を表すことば

1 声に出しながら、文字をなぞって、1～2回自分で書いてみましょう。

(1) 150円[**ワン** ハンドゥレッド **ア**ンド **フィ**フティ **イェ**ン]

one hundred and fifty yen

(2) 330円[ス**リー** **ハ**ンドゥレッド **ア**ンド **サー**ティ **イェ**ン]

three hundred and thirty yen

(3) 600円[**スィ**ックス **ハ**ンドゥレッド **イェ**ン]

six hundred yen

(4) やわらかい[**ソ**(ー)フト]

soft

(5) かたい[**ハー**ド]

hard

(6) すっぱい[**サ**ウア]

ouは【アウ】と読みます。

sour

(7) ぴりっとした[ス**パ**イスィ]

iは【アイ】と読むよ。

spicy

⑻ 塩気のある、塩からい[ソールティ]

saltは「塩」という意味です。

salty

⑼ 苦い[ビタァ]

tを2つ続けて書くよ。

bitter

⑽ 甘(あま)い[スウィート]

eを2つ続けて書くよ。

sweet

⑾ とてもおいしい[ディリシャス]

delicious

2 声に出して読んだあと、文をなぞりましょう。

How much is it?

それはいくらですか。

— It's 500 yen.

それは500円です。

It's sour.

それはすっぱいです。

ポイント

How much is it?で「それはいくらですか」とねだんをたずねられます。It's＋金額(きんがく).で答えます。金額のあとに「円」「ドル」などのお金の単位をつけましょう。It's ～.でそれがどんな味かを伝えることができます。

⑴ それはいくらですか。[ハウ マッチ イズ イット]

How much is it?

⑵ それは500円です。[イッツ ファイヴ ハンドゥレッド イェン]

It's 500 yen.

⑶ それはすっぱいです。[イッツ サウア]

It's sour.

まとめのドリル 28

合格 80点　／100

月　日

Unit 7
ほしいものについて話そう

1 絵と日本語に合う単語になるように、□に文字を入れ、メニューを完成させましょう。　15点(1つ5点)

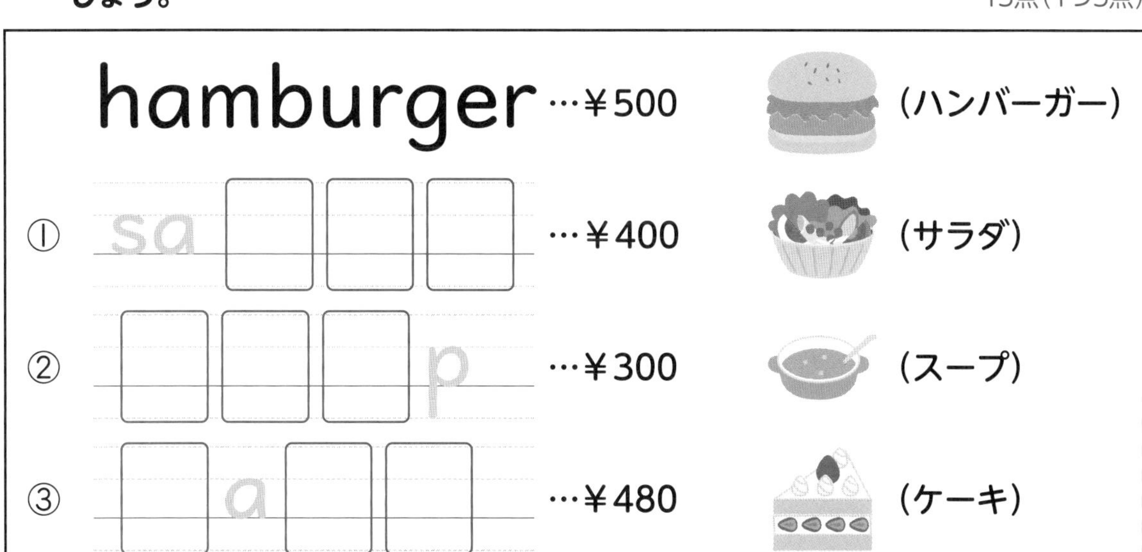

2 例にならって、正しい単語に直しましょう。　15点(1つ5点)

sweat

sweet

① 

spici

② 

koffee

③ 

steik

↓うらのページにつづくよ!

3 ＿＿ に当てはまる単語をヒントから選び、日本語に合う文を書きましょう。同じ単語は１度しか使えません。文の最初の文字は大文字で書きましょう。

40点（1つ10点）

① 何になさいますか。

＿＿＿＿ ＿＿＿＿ you like?

② スパゲッティがほしいのですが。（①に答えて）

＿＿＿＿ ＿＿＿＿ spaghetti.

③ それはいくらですか。

＿＿＿＿ ＿＿＿＿ is it?

④ それは700円です。（③に答えて）

＿＿＿＿ 700 ＿＿＿＿.

ヒント
would / it's / how / what / like / much / yen / I'd

4 質問に合う答えを線でつなぎましょう。

30点（1つ10点）

① How much is it? •　　• Yes, I can cook curry and rice.

② What would you like? •　　• It's 950 yen.

③ Can you cook curry and rice? •　　• I'd like ice cream.

きほんのドリル 29

時間 15分　月　日

Unit 8 Part 1
町・地域について話そう

◉ 自然、町の場所を表すことば

1 声に出しながら、文字をなぞって、1～2回自分で書いてみましょう。

(1) 自然［ネイチャ］

nature

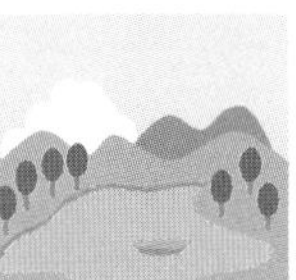

(2) 湖［レイク］

aは【エイ】と読みます。

lake

(3) 川［リヴァ］

river

(4) 海辺［ビーチ］

eaは【イー】と発音するよ。

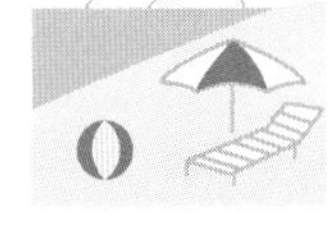

beach

(5) 海［スィー］

sea

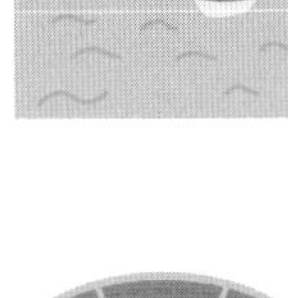

(6) 競技場（きょうぎじょう）、スタジアム［ステイディアム］

【スタジアム】とは読まないので注意しよう。

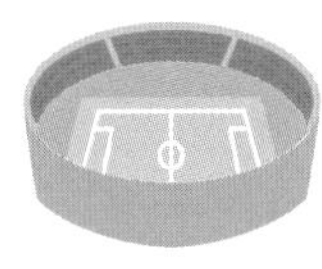

stadium

(7) 水族館［アクウェ(ア)リアム］

aquarium

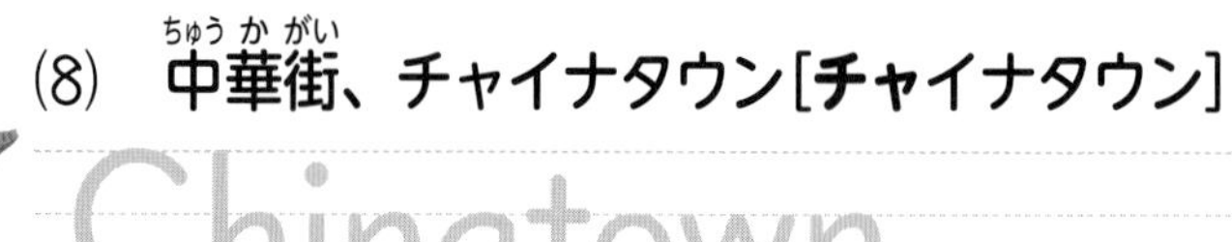

(8) 中華街、チャイナタウン[**チャ**イナタウン]

Cは大文字で書きます。

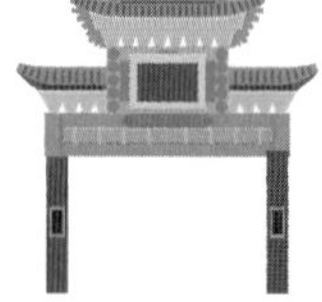

Chinatown

(9) 温泉[ハ(ー)ット スプ**リ**ング]

hot spring

(10) コンビニエンスストア[コン**ヴィ**ーニエンス ストー]

convenience store

(11) すし屋[**ス**シ **レ**ストラント]

sushi restaurant

2 **声に出して読んだあと、文をなぞりましょう。**

We have [a big library] **.**
[大きな図書館]があります。

ポイント
「～があります」と町にあるものを伝えるときは、We have ～. と言います。

(1) 大きな図書館があります。
[**ウィ**ー **ハ**ヴ ア **ビ**ッグ **ラ**イブレリィ]

We have a big library.

(2) よいレストランがあります。
[**ウィ**ー **ハ**ヴ ア **ナ**イス **レ**ストラント]

We have a nice restaurant.

きほんのドリル 30。

Unit 8
町・地域について話そう

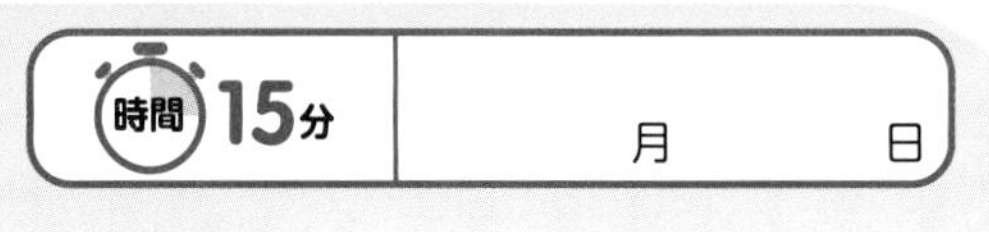

Part 2

◎ できること、名所を表すことば

1 声に出しながら、文字をなぞって、1～2回自分で書いてみましょう。

(1) 訪れる(おとずれる)[ヴィズィット]

visit

(2) 見る、見える[スィー]

eを2つ続けて書くよ。

see

(3) 食べる[イート]

eaは【イー】と読むよ。

eat

(4) 飲む[ドゥリンク]

drink

(5) 買う[バイ]

buy

(6) 楽しむ[インヂョイ]

enjoy

(7) 本を読む[リード ブックス]

read books

(8)　魚釣り[**フィッシング**]

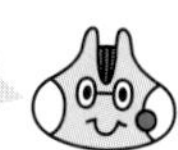

fishで「魚をとる」という意味もあります。

fishing

(9)　水泳[**スウィ**ミング]

mを２つ続けて書くよ。

swimming

(10)　中華料理[チャイ**ニ**ーズ **フ**ード]

Cは大文字で書くよ。

Chinese food

(11)　桜の花[**チェ**リィ ブラ(ー)サムズ]

blossomsの最初のsは２つ続けて書きます。

cherry blossoms

(12)　紅葉[**オ**ータム **リ**ーヴズ]

autumn leaves

❷ 声に出して読んだあと、文をなぞりましょう。

You can see cherry blossoms **.**

あなたは 桜の花 を見ることができます。

「あなたは～することができます」と言うときは、You can ～.の形を使います。canは動作を表すことばの前に置かれ、「～できる」という意味をつけ足します。

あなたは桜の花を見ることができます。
[**ユー キャン スィー チェ**リィ ブラ(ー)サムズ]

You can see cherry blossoms.

まとめのドリル 31

時間 15分　合格 80点　/100

月　日

Unit 8

町・地域について話そう

1 絵と日本語の意味に合う単語になるように、□に文字を書きましょう。

20点（1つ5点）

① 

（食べる）

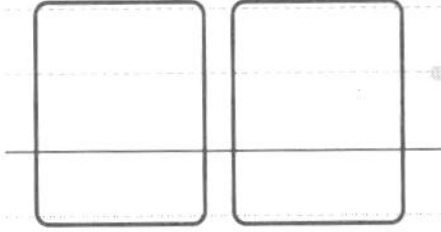

□□t

② 

（海辺）

b□□□h

③ 

（自然）

na□□□e

④ 

（中華料理）

Chi□□□□food

2 □内のカードを組み合わせて、①～④の日本語に合う単語を作りましょう。

20点（1つ5点）

① 飲む

② 川

③ スタジアム

④ 魚釣り

ver	ing	nk	dium
dri	sta	ri	fish

うらのページにつづくよ！

3 絵に合うように、下の□から当てはまる単語を選び、文を完成させましょう。同じ単語は１度しか使えません。使わない単語もふくまれています。文の最初の文字は大文字で書きましょう。 36点(1つ9点)

① ＿＿＿＿＿＿＿ have hot springs.

② We ＿＿＿＿＿＿＿ a small lake.

③ You ＿＿＿＿＿＿＿ eat *okonomiyaki*.

④ You can enjoy ＿＿＿＿＿＿＿.

swimming / play / we / are / have / can

4 ①は(　)内の指示に従(したが)って英文を書きかえたときに□に当てはまる単語を書き、②・③は日本語に合う英文になるように、(　)の中の単語を並(なら)べかえて文を完成させましょう。文の最初の文字は大文字で書きましょう。 24点(1つ8点)

① You see pandas. (「～することができます」という意味の文に)

You ＿＿＿＿＿＿＿ ＿＿＿＿＿＿＿ pandas.

② あなたは中華街(ちゅうかがい)を訪(おとず)れることができます。

(visit / . / Chinatown / can / you)

＿＿＿＿＿＿＿＿＿＿＿＿＿＿＿＿＿＿＿＿

③ 大きな水族館があります。

(a / have / aquarium / . / we / big)

＿＿＿＿＿＿＿＿＿＿＿＿＿＿＿＿＿＿＿＿

時間 15分　合格 80点　/100

月　日

サクッとこたえあわせ　答え 71ページ

Unit 7～8

1 □内のカードを組み合わせて、①～④の日本語に合う単語を作りましょう。

20点(1つ5点)

① 湖

② とてもおいしい

③ サラダ

④ 楽しむ

ad	deli	joy	ke
en	la	sal	cious

2 読み方をヒントにして、(　)の中の文字を並(なら)べかえ、右の絵に合う単語を作りましょう。

20点(1つ5点)

① (a, y, l, s, t) [ソールティ]

② (d, e, r, b, a) [ブレッド]

③ (n, r, d, k, i) [ドゥリンク]

④ (t, w, a, n, i, n, Ch, o) [チャイナタウン]

うらのページにつづくよ!

3 **次の①・②の会話について、(　　)に入れるのに最も当てはまる文をア～ウの中から1つずつ選び○で囲みましょう。** 20点(1つ10点)

① A : How much is it?
B : (　　　　　　　　　　)
ア　It's nice.　　イ　It's 550 yen.　　ウ　It's hard.

② A : (　　　　　　　　　　)
B : I'd like spaghetti.
ア　Who is this?　イ　How much is it?　ウ　What would you like?

4 **日本語に合う英文になるように、①・②は□から3語ずつ選び、③・④は(　)の中の単語を並べかえて文を完成させましょう。文の最初の文字は大文字で書きましょう。** 40点(1つ10点)

① 何になさいますか。—ハンバーガーがほしいのですが。

__________ would you like?

— __________ __________ a hamburger.

where / what / I'd / I / eat / like

② それはいくらですか。—それは400円です。

__________ __________ is it?

— __________ 400 yen.

It's / I'd / much / how / would / what

③ すし屋があります。(a / restaurant / have / . / sushi / we)

____

④ あなたは紅葉を見ることができます。
(leaves / . / can / you / autumn / see)

____

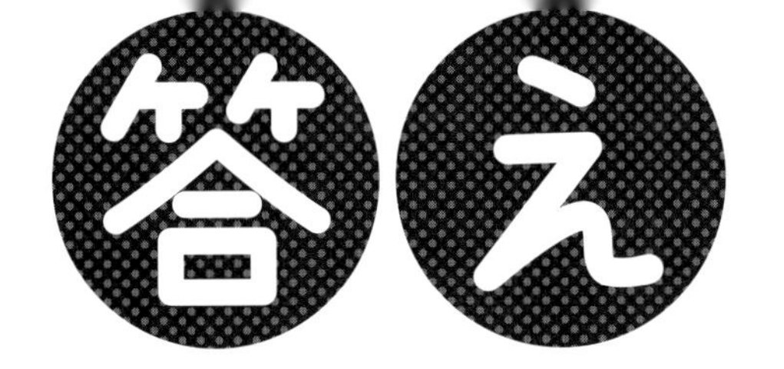

●ドリルやテストが終わったら、うしろの「がんばり表」に色をぬりましょう。
●まちがえたら、かならずやり直しましょう。「考え方」も読み直しましょう。

6. 自分の名前や好きなものについて話そう 11~12ページ

1

① soccer ② rabbit

③ tiger ④ red

2

① cat ② peach

③ yellow

④ baseball

3

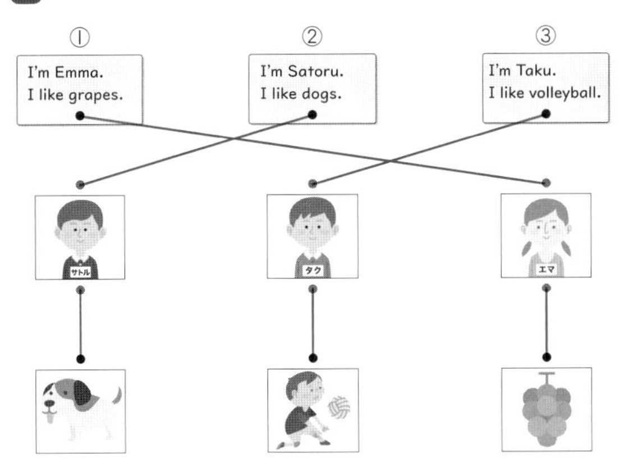

4

① How

② I like

③ How do you

考え方

1 ②rabbitのbは第1線(一番上)につくように書きましょう。
③tigerのgは第4線(一番下)につくように書きましょう。

3 I'm ~.は「わたしは~です」、I like ~.は「わたしは~が好きです」という意味です。人の名前は大文字で書き始めます。

4 ①③名前や単語のつづりをたずねるときは、How do you spell it?で表します。文の最初の文字は大文字で書きましょう。

10. 誕生日(たんじょう)について話そう 19~20ページ

1

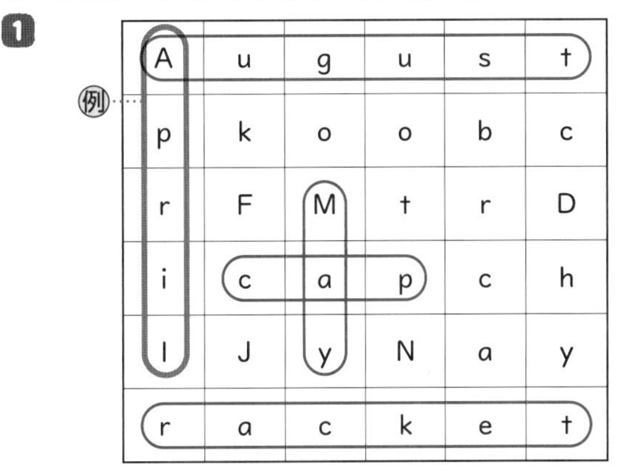

【解答】①cap ②racket ③May ④August

2

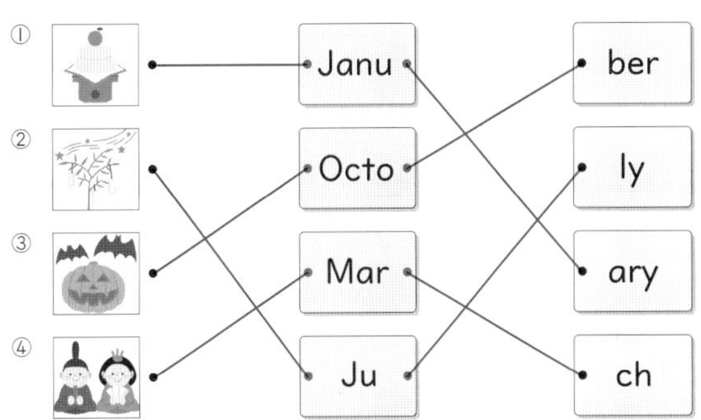

【解答】①January ②July ③October
④March

3

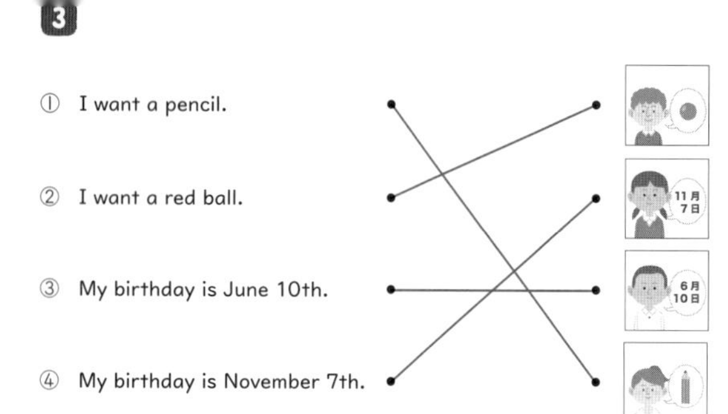

4

① When

② December ③ want

④ I want

考え方

3 ①② I want ～. は「わたしは～がほしいです」という意味です。

③④ My birthday is＋月を表す語＋順番を表す語. で「わたしの誕生日(たんじょうび)は～です」と伝えられます。

4 ①相手の誕生日をたずねるときは、When is your birthday? と言います。WhenのWやhは第１線（一番上）につくように書きましょう。

②月の単語は大文字で書き始めましょう。

13. 教科について話そう 25～26ページ

1

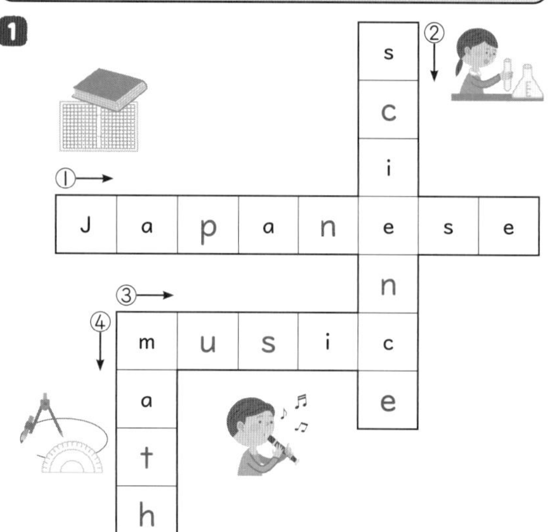

【解答】①Japanese ②science ③music ④math

2

①ア ②ア ③イ ④イ

3

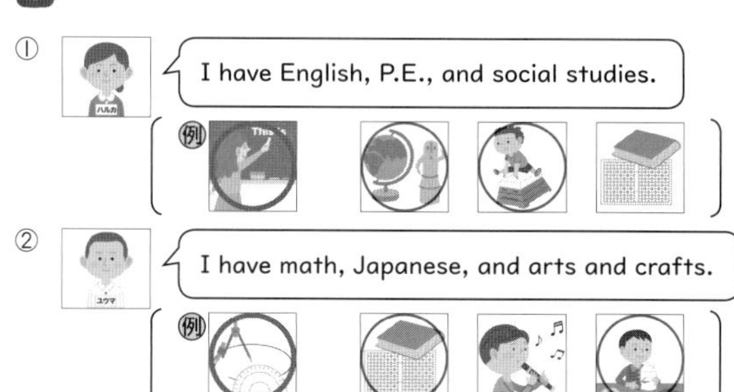

4

① What subjects

② I like

③ What, Friday

④ home economics

考え方

2 ①曜日の単語は大文字で書き始めます。

③Wednesdayの最初のdは発音しません。

3 時間割(じかんわり)をたずねるときは、What do you have on＋曜日? と言います。

①例で英語を表す絵が囲(かこ)まれているので、残りの「体育」と「社会」を表す絵を囲みましょう。

4 ① What subjects do you like? で好きな教科をたずねます。文の最初の文字は大文字で書きましょう。

14. 夏休みのホームテスト　27~28ページ

1

① Monday

② volleyball

③ English

④ September

2

① ruler　② apple

③ music　④ August

3

① How do you spell it? — T-a-k-u. Taku.

② When is your birthday? — My birthday is February 5th.

③ What do you have on Tuesday? — I have math, Japanese, and social studies.

4

① I'm , like

② What , do

③ I like

④ I want

考え方

1 ①④曜日や月は大文字で書き始めます。

3 ① How do you spell it? で名前や単語のつづりをたずねます。

② When is your birthday? で誕生日をたずね、My birthday is ~. で答えます。

③ What do you have on＋曜日? で時間割をたずね、I have ~. で答えます。

4 ① I'm ~. で自分の名前を伝えます。I like ~. で好きなものを伝えます。

②好きな教科をたずねるときは、What subjects do you like? と言います。

④ I want ~. で自分のほしいものを伝えます。

17. できること・できないことについて話そう　33~34ページ

1

【解答】①swim　②run　③sing　④fly

2

① dance　② jump

③ cook　④ draw

3

① She can't run fast.

② He can play the piano.

③ I can play badminton.

4

① Can you , I

② I can't play

③ I can play badminton

④ He can't do kendo.

考え方

3 ① She can't ～. は「彼女は～することができません」という意味です。
② He can ～. は「彼は～することができます」という意味です。
③ I can ～. は「わたしは～することができます」という意味です。

4 ① Can you ～? で相手のできることをたずねます。
② I can't ～. で自分のできないことを伝えます。

20. 身の回りの人について話そう 39～40ページ

1

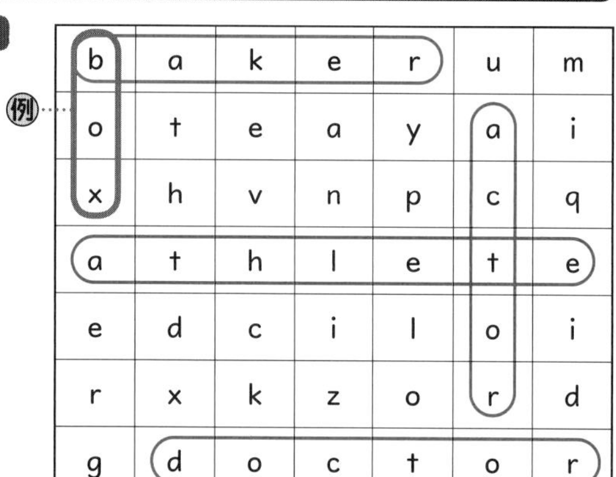

【解答】①baker ②actor ③doctor ④athlete

2

① grandmother
② father
③ brother
④ sister

3

① is , comedian
② She , can
③ firefighter , He

4

① He is
② She is friendly .
③ He can dance .

考え方

3 ①My hero is～. で「わたしのヒーローは～です」とあこがれの人を伝えることができます。He is ～. は「彼は～です」という意味です。～の部分には名前、職業、性格、特ちょうなどを入れます。
② She is ～. は「彼女は～です」、She can ～. は「彼女は～することができます」という意味です。文の最初の文字は大文字で書きましょう。

4 ①mother「母」を father「父」にかえるという指示なので、She is「彼女は～です」は He is「彼は～です」になります。

24. 場所について話そう 47～48ページ

1

① zoo ② library
③ chair ④ school

2

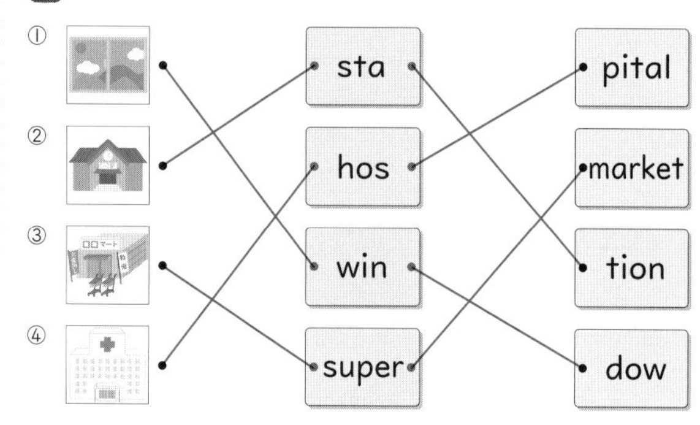

【解答】①window ②station ③supermarket ④hospital

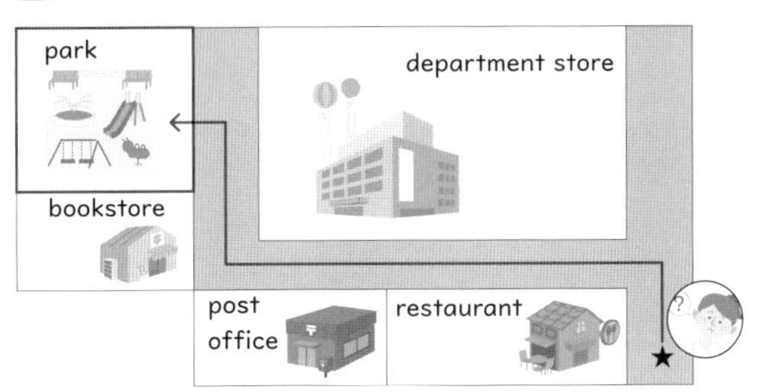

① straight

② right

③ left

4

①イ　②イ　③ア

考え方

3 ★印から公園に行くには、「左に曲がる」→「まっすぐ行く」→「右に曲がる」→「左手に公園が見える」という道順です。
①「まっすぐ行ってください」はGo straight.と言います。
②「右に曲がってください」はTurn right.と言います。
③You can see it on your leftで「あなたの左手にそれが見えます」という意味になります。

4 Where is～?で「～はどこですか」と場所をたずねます。It's＋場所を表すことば.で答えます。
位置を表すin～「～の中に」、on～「～の上に」、under～「～の下に」、by～「～のそばに」に気をつけて選びましょう。

25. 冬休みのホームテスト　49～50ページ

1

① gym　② mother

③ restaurant

④ temple

2

① baker　② athlete

③ brother

④ bookstore

3

①ウ　②イ

4

① It's　in　,　box

② grandfather,
He　is

③ She is an actor.

④ He can sing well.

考え方

3 ①Aは「わたしのかばんはどこですか」とたずねているので、ウの「それはつくえの下にあります」を選びます。
ア「わたしは黄色いかばんがほしいです」とイ「それは2,000円です」は当てはまりません。
②Bは「まっすぐ行ってください。1つ目の角で左に曲がってください。あなたの右手にそれが見えます」と道順を答えているので、イの「郵便局(ゆうびんきょく)はどこですか」を選びます。
ア「何になさいますか」とウ「あなたはどこに行きたいですか」は当てはまりません。

4 ①Where is ～?で「～はどこですか」と場所をたずねます。It's＋場所を表すことば.で答えます。in～は「～の中に」、on～は「～の上に」という意味です。under～「～の下に」、by～「～のそばに」も覚えましょう。

②My hero is~.で「わたしのヒーローは~です」とあこがれの人を伝えることができます。He is~.は「彼(かれ)は~です」という意味です。~の部分には名前、職業(しょくぎょう)、性格(せいかく)、特ちょうなどを入れます。
③She is~.は「彼女(かのじょ)は~です」という意味です。
④「彼は~することができます」はHe can ~.と言います。wellは「上手に」という意味で、文の最後に置きます。

28。ほしいものについて話そう 55~56ページ

1

① salad ② soup

③ cake

2

① spicy

② coffee

③ steak

3

① What would

② I'd like

③ How much

④ It's , yen

4

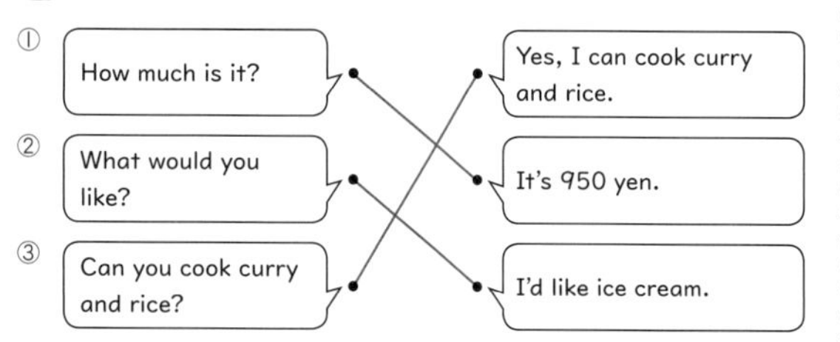

考え方

3 ①What would you like?で、「何になさいますか」と相手にていねいにたずねることができます。
②「~がほしいのですが」はI'd like ~.と言います。
③「それはいくらですか」とねだんをたずねるときは、How much is it?と言います。
④金額(きんがく)を答えるときは、It's＋金額.と言います。金額のあとにお金の単位を忘(わす)れずにつけましょう。700円はseven hundred yen[セヴン ハンドゥレッド イェン]と発音します。

4 ①「それはいくらですか」という質問なので、It's 950 yen.「それは950円です」を選びます。950円は900+50と考えて、nine hundred and fifty yen[ナイン ハンドゥレッド アンド フィフティ イェン]と発音します。
②「何になさいますか」という質問なので、I'd like ice cream.「アイスクリームがほしいのですが」を選びます。
③「あなたはカレーライスを作ることができますか」という質問なので、Yes, I can cook curry and rice.「はい、わたしはカレーライスを作ることができます」を選びます。Can you ~?はUnit 4で学習した内容ですが、curry and riceという単語をヒントに選ぶこともできます。

31。町・地域について話そう 61~62ページ

1

① eat ② beach

③ nature

④ Chinese food

2

① drink ② river

③ stadium ④ fishing

3

① We ② have

③ can ④ swimming

4

① can see

② You can visit Chinatown.

③ We have a big aquarium.

考え方

3 ①②「～があります」と町にあるものを伝えるときは、We have ～.と言います。
③④「あなたは～することができます」と言うときは、You can ～.の形を使います。

4 ①②「あなたは～することができます」と言うときは、canを動作を表すことばの前に置いてYou can ～.と表します。
③「～があります」と町にあるものを伝えるときは、We have ～.と言います。

32. 学年末のホームテスト　63～64ページ

1

① lake ② delicious

③ salad ④ enjoy

2

① salty ② bread

③ drink ④ Chinatown

3

① イ ② ウ

① What, I'd like

② How much, It's

③ We have a sushi restaurant.

④ You can see autumn leaves.

考え方

3 ①*A*は「それはいくらですか」とたずねているので、イの「それは550円です」を選びます。
ア「それはよいです」とウ「それはかたいです」は当てはまりません。
②*B*は「スパゲッティがほしいのですが」と答えているので、ウの「何になさいますか」を選びます。ア「こちらはだれですか」と、イ「それはいくらですか」は当てはまりません。

4 ①What would you like?で相手のほしいものをたずね、I'd like＋ほしいもの.で答えます。
②How much is it?でねだんをたずね、It's＋金額（きんがく）.で答えます。
③「～があります」と町にあるものを伝えるときは、We have ～.と言います。
④「あなたは～することができます」と言うときは、You can ～.と言います。